JN123332

生活形式と脆弱性

──倫理としてのケア

アンヌ・ゴノン｜沼田千恵｜落合 芳 編

萌書房

目　　次

第Ⅱ部　モダニティと生活形式

第Ⅲ部　生活形式の多様性

＊

生活形式と脆弱性

——倫理としてのケア

イントロダクション
現代の学問を変えるために——生活形式という観念

　生活形式とは，21世紀以降目覚ましく注目されるようになった観念であり，現在それは社会学のみならず，倫理学，政治学，文化人類学といった，あらゆる分野において，横断的に用いられている。この生活形式という観念は，人文・社会科学と生命科学の接点でもあり，こうした概念を用いることによって，哲学，文化人類学，政治学，社会学といったそれぞれの学問領域においても，これまで見えなかった現象が可視化されるようになった。

　フランクフルト学派の批判理論，ミシェル・フーコーの政治学，ウィトゲンシュタインやカヴェルによって提唱された日常生活における倫理，さらに社会と生命科学を考察する文化人類学的な潮流においても，生活形式が独自の意味持つ観念として取り上げられていることは，周知の事実である。その理由は，この生活形式という観念に，身体や制度，諸々の道具に具体化され，物象化された社会的実践という観点から，人間存在を考える必要性を示唆するものである。さらに言えば，それはグローバル化の波が広がる世界において見出される，人間的生の新たな側面としての脆弱性を考察すること，ひいては，人間的生命そのものを考えることを可能にする概念であると言える。

　本書においては，生の形式を生産または再生産し，修正するような人間の実践およびその働きに焦点を当て，それによって人間の共存を目指すような働きとして，生活形式を定義する。そしてそうした作業は同時に，生活形式という観念において，社会と生命という2つの意味を関連させることが有効であると考えることでもある。なぜなら，この観念は，現代の学際的な必要性に応えうるだけでなく，社会科学や文化人類学的な観念でありながらも，生命についての現代的な見方と関連しているからである。

　様々な形で生活形式について論じることができるが，ここで私たちが目指すものは人間および人間社会の，脆弱性という視点から生活形式の倫理を問うというアプローチである。そのために私たちは国際研究グループを結成し，継続

的に研究活動を行ってきた。その豊かな議論から生まれた現時点での暫定的な成果がここに発表されている。現代社会と人間存在の研究において，生活形式という観念がよりいっそう重要な観念になりつつある以上，この国際研究プロジェクトは今後も継続されることとなろう。

生活形式に関する研究の誕生——研究プロジェクト発足の経緯

　ここで，私たちの研究プロジェクトが発足した経緯について少し述べたい。そもそも生活形式という観念は社会学，文化人類学，環境学や哲学と関連したケア研究や倫理学から生まれたものであり，5～6年前から様々なグループが国際交流や国際シンポジウムなどを行い，その議論を通じて，この観念を考察してきた。そしてその結果，人文社会学の分野において新しい学問的分野と新しいアイデアが生まれている。

　こうした研究は，当初はとりわけアメリカ合衆国において展開されていたが，それに着目したフランスの哲学者たちが，ケア倫理を自分たちの研究にどのように取り入れるべきかを検討し始めた。そしてその過程で，アメリカのジョンズ・ホプキンズ大学で教鞭をとるヴィーナ・ダス教授との対話が始まった。彼女は文化人類学者であり，暴力と社会的苦しみについての研究を行っているが，彼女もやはり，ケアと環境，人間の脆弱性を研究の対象としており，その根底にあるものは，ヒューマン・セキュリティと人間の命を守る形式について問うという，問題意識である。

　さらに私たちの研究グループでは，特にミシェル・フーコーとウィトゲンシュタインに関連する生活形式の倫理についての討論を行った。そもそも生活形式を対象にする一連の研究は，ウィトゲンシュタインの哲学により生まれたものである。そしてそれに加えて，カヴェルの哲学について考察する過程において，社会的な生活形式と生物的な人間の生とが区別されながらも，その間の錯綜があることも明らかになった。こうした研究は現在フランスをはじめとする，ヨーロッパでは盛んに行われており，そのうちのウィトゲンシュタイン研究が，倫理的，政治的な次元にまで及ぶ一方で，カヴェルをはじめとする研究は，言

語が生活形式であるということに着目する方向へと進んでいった。以前から社会学や生命科学において重視されてきた生活形式という観念が，哲学の領域において，独自なものとして発展していることが特筆されよう。

　このように，生活形式という観念が，社会学から文化人類学を経て，さらに倫理学や政治学へという様々な分野で横断的に利用されている。そしてその結果，それはフランスをはじめとするヨーロッパでの人文社会科学研究においては，脆弱性という重要なパラダイムとなった観念を超えて，さらに研究されるに至っている。人文社会科学と生命科学との接触点としてフランス語，ドイツ語，イタリア語や英語圏での研究として広まったこの独特な概念を，私たちの研究グループではさらに日本語での研究を加えて考察する運びとなった。私たちが目的とするのは，新しい視野をもたらしたこうした観念を利用することによって，学問領域や知的な伝統を超えた複合的な分野に関わる新しい研究分野を切り開くことである。

横断的な研究の発展——生活形式の３つの柱

　2016 年に発足した，フランスを拠点とする私たちの国際研究グループは，現在生活形式の研究を３つの観点から行っている。本論文集で紹介されているその３つの柱は，以下の通りである。

1　生活形式の倫理

　生活形式は生きることに結びつけて考えられるがゆえに，新しい倫理の道を開くことを可能とする。ただしそれは新しい道徳というわけではなく，むしろ私たちが生活していく上で，必要最低限の道徳なのである。そこで問題になるのが普段の生活に見出される「脆弱性」という概念であり，私たちの通常の状態と生活形式の倫理との関係を考察することである。よって，ここでの道徳とは，普遍的な原理に基づくものではなく，日常生活において現実の人間が直面する，様々な道徳的問題に関わる経験に基づいている。このような倫理は理論

という形ではなく，人間および生命体の活動とその活動主性（agentivity）〔動作の主体であること〕を通して表現され，私たちの日常性も同様の観点から考察される。

　以上において注意しなければならないのは，生活形式における社会と生命との交錯という事態である。その場合，生そのものの脆弱性から移行し，生活形式の有する根本的な脆弱性を問うことが必要とされる。よって，日常生活の脆弱さを考慮した場合のケアの倫理とは，生活形式の継続的な保護とそのための行動や注意について考えることを意味すると言える。

　他方ケアは，「ニーズの倫理学」とも定義づけられる。すなわちそれは，家族や家族でない特定の他者に必要な特定の要求に応え，人間や環境を守るために必要な活動を意味する。それは，私的公的の双方の領域において行われる営みを指し，そのためには個々の状況に対処するための感受性が必要とされる。それは具体的事項に関わるものであり，人間の生活においてはごく日常の事柄，つまり日常生活の細部に関わるものである。言い換えればこの場合のケアは，人間の生活形式を維持するためのものであり，それゆえ，ケアの倫理は倫理に関する支配的な考えを再検討することに貢献していると言える。そしてそのような理由でケアの倫理は，人間存在と私たちの生活そのものが有する脆弱性という問題を，道徳の中心に置くものとして位置づけることができるのである。

　以上のような理由で，ケアの倫理は人間の脆弱さと人間の生活の脆弱さとを関連させるウィトゲンシュタイン的な倫理と近しいものとなる。ケアという考えは，倫理学を日常生活のレベルに取り戻すことを目指すものである。ケアの主体は関係の中にいる主体，つまり生活形式の内にあって感受性と注意を備えた主体であり，ここから倫理学の重心は「公正」から「重要性」へと移行していくと言える。

　道徳思想の主要な潮流とされている「自律性」という考えに逆らっているとはいえ，人々の生活にとってケアが重要であることはしばしば認められるところである。私たちが自分のニーズを満足させるためには他者が必要であること，人間の生は壊れやすいこと，そして多くの人々にとってはもうすでに生は脅か

されていることを，私たちは認めざるをえないのであって，そこでは重視されるのはむしろ，私たちの依存関係である。生活形式という観念の中心的な論題となるのが，人間の脆弱性である以上，人間の自律性という問題も再検討しなければならないであろう。第Ⅰ部の３つの論文では，そのようなケア倫理とケアの実践を取り上げ，その仕組みを考察する。

さらに興味深い点がもう１つある。それはフランスでのケア倫理についての研究が，ウィトゲンシュタイン的なアプローチに基づいて，日常の生活形式の詳細に目を向けながらも，独自に研究・展開され，その結果，人間存在の極端な脆弱性や大惨事（大災害）というテーマにも関連づけて論じられてきた。そしてこうした視点は，必然的に，リスクに関する国際的な研究にもつながっている。

確かにウルリヒ・ベックの『危険社会──新しい近代への道』という著書が出版されて以来，リスクという観念は社会科学的な分野において中心的なものとなったが，その一方で，生活形式というアプローチからは批判の対象ともなっている。すなわち，現代社会が様々なリスクを加速させる技術的な発展を止めずに，リスクを管理するだけに留まっている以上，リスクを真剣になくそうとしていないのではないかという見解も提出されている。特に，ケア倫理やアマルティア・センおよび，マーサ・ヌスバウムのケイパビリティ論は，大惨事などの場合に生じる，脆弱な人間のニーズを重視し，それに配慮するという特徴を指摘すると同時に，リスク論の有する限界を明らかにしている。さらにジョアン・トロントはリスクとケアという２つのパラダイムを議論の対象にした。彼女はケアにはグローバルな意味があり，またケアをしているすべての生き物にまでそれは当てはまるとも主張している。

2　批判理論とケア倫理

次に，生活形式を論じるもう１つの理論的な潮流を挙げておく。それは批判理論である。ホルクハイマーによれば「人間がすべての歴史的な生活形式を生産するものであり」，批判理論が対象にするのは，そのような人間のあり方である。彼は「生活形式」という概念を，特に重視し展開しているわけではない。

フランクフルト学派と西欧でのマルクス主義が行った文化的な用語による分析は，日常生活においては，きわめて知覚困難な現象に焦点を当てていることは確かである。この点に関してはまず生活形式を資本主義的な形式として理解するテオドール・アドルノの『ミニマ・モラリア——傷ついた生活裡の省察』という研究が挙げられる。彼は，道徳を善悪の観点から理解するのではなく，資本主義的な生活形式と制度がどのように私たちの行動を規定するか，そのやり方を否定的に批判する。ハーバーマスが，生活形式の内容について「倫理の禁欲」を必要とする一方で，批判理論の現世代の代表者たちは，アクセル・ホネットの『理性の病理——批判理論の歴史と現在』という著作から刺激を受け，資本主義的な社会化により生まれた生活形式——特に加速化——という社会問題と世界からの疎外，物象化に関心を寄せている。

　さらに方法論の観点から見た場合は，生活形式の批判がその背景を乗り越えられるかどうかが問題であり，そこから生活形式という観念を再検討が可能となる。第Ⅱ部においては，そのような枠組みに依拠しながら，生活形式をアドルノまたモダニズムという観点から考察する。

3　文化人類学から見た生活形式

　本研究グループの第3の柱は，私たちの日常生活を制約する科学技術的な環境や気候変動によりもたらされた自然災害の脅威という世界の状況と，その中に生きている人間との相互依存を対象とするアプローチである。自然的および科学技術的な環境の変動は，生活形式を損なうことをもたらすだけではなく，それを破壊してしまう恐れがある。生活形式という観念は，社会と自然との関係が急激な変化を遂げつつあることを説明する優れた道具でもある。その変化は新しい時間と空間のスケール，新しい社会的・技術的・環境的な脆弱性，グローバルな不均衡や生活形式の多様性に関係している。その脆弱性は人間の生命を脅かすのみならず，人間の消滅の危険にまで及ぶと言える。

　私たちが日常的で当たり前であると思っている生活形式は，常に危険にさらされている。それどころか，それを喪失する時には極端に脆弱さを伴った状態が出現する。したがって，その喪失を引き起こす事態をどのように把握できる

のか，その場合の生活形式をどのように捉えることができるのか，ということを検討しなければならない。昨今相次いで起こる自然災害，産業・科学技術的災害によって，私たちの健康にもたらされるに測りしれないほどのダメージについて考える場合，そこで問われるものは，やはり倫理である。そうした状況では人間の消滅の可能性が危惧されるのであり，人間のみならず生きているすべてのものがその被害者となる。このような大惨事は生活形式そのものを可視化する。この第3の柱とは，そうした極端な状況の中で私たちがいかに身を守り，生存のための手段にアクセスすることができるのかという問題を，人間の尊厳の条件という観点から追求することである。

　以上は私たちの研究グループが柱とする重要な3つの問題意識である。それは日常生活の細部にわたる細やかな注意を核とする視点と，人類全体の存亡に関わる，未来に向けた包括的な視点との双方を併せ持つものでなければならない。こうした研究はまだ途上であるが，21世紀の社会にふさわしい倫理の在り方を少しでも提示できればと考える。

（編者一同）

第Ⅰ部

日常生活とケアの倫理

ケ　ア

日常の政治としての倫理

サンドラ・ロジエ

はじめに

　ケアの倫理が目指してきたことは，道徳的価値——すなわち，ケアすること，他者への配慮や気遣い——を何よりも「女性特有の (féminine)」ものとして考えることであり，そのことによって，倫理に支配的な概念を修正し，私たちが倫理を見る見方，あるいはその見え方を根本的に変えることに貢献してきた。ケアの倫理は正義論批判によって，正義の倫理と政治的リベラリズムの一目瞭然なつながりを解きほぐし，倫理的問題意識を政治へと持ち込んだ。しかし重要な点とはおそらく，ケアの倫理が直面するある種の抵抗の中にあると言えよう。すなわちケアの倫理に対する反論は，——直接的には本質主義者に見られるものであるが——女性が倫理的に特殊であるという要求を決まって拒絶することに結びついている。しかしながら，ケアが目を向けるのはまったく日常的な現実である。それは，人々が互いに世話をし合い，互いの面倒を見，世の中がうまく機能しているか（あるいはうまく回っているか）に注意を払うということ，そして世の中がそうしたケアに依存しているという事実である。
　ケアの倫理が主張するのは，他者に対して世話をすることや配慮することの重要性であり，それはとりわけ，生活と健康面において特別な，継続的かつ日常的な配慮に頼っている人たちへと向けられる。ケアの倫理は私たちが見ることのできない日常に注意を向けるが，それは私たちのすぐ目の前にある。した

がってケアの倫理は女性特有の倫理である以前に，不当な扱いを受けている人たちを表現するために声を上げるものである。彼らは気づかれることのない，目につかない任務を遂行し，基本的なニーズに対処する仕事に従事しているが，正しくそれゆえに，不当な扱いを受けているのである。

　この倫理が依拠するのは，社会的にも道徳的にも低く価値づけられてきたケア活動の類を道徳的に分業することが，歴史的に支持されてきたという状況の分析である。家庭内の仕事を女性に割り当てることによって，これらの活動と仕事を道徳的領野と公的領域から排除することに拍車がかかり，それらは道徳的，政治的意味を欠いた私的感情になり果てた。ケアの観点の基本的な主張は，人間の生活およびそれを体系づける諸関係へのケアの重要性と，ケアする人の社会的道徳的地位に関するものである (Kittay and Feder, 2002)。そうした認識が意味するのは，依存と脆弱性を，「傷つきやすい」という特別なカテゴリーにあるのではなく，すべての人に共通する条件の特性として認めることである。この種の「日常的」現実主義（ダイアモンドによって提示された意味での「現実主義的」）は，概して大部分の社会的，道徳的理論に欠如している。こうした理論は，ケア活動やケアに従事することを，見返りを求めない母親の側から見た犠牲者と弱者への気遣いや，単なる感傷的な事実に還元しがちである。それゆえ，ケアの倫理の第1の意味すなわち，人間は脆弱であるということを認めることが重要となる。人間学の教えるところによれば，それはよくあることであると同時に悲劇的でもある。カヴェルは日常生活を以下のように定義しているが，日常生活へのいかなるアプローチにも人間学的論調がうかがわれる。

　　慣れ親しんだものと見知らぬものの交錯は不可思議な経験である（……）。私がウィトゲンシュタインの人間学的観点と呼ぶものは，原理上難解である。というのも，それは人が話したり行ったりすることは何であれ，それらからなり，おそらくある時には，何も話されず，行われないことも含むからである。(Cavell, 2006)

　本章の目的は，ウィトゲンシュタインによって着想がもたらされ，特定の道

徳哲学において発展していくような，ケアの倫理を人間の脆弱性という概念に結びつけることである。スタンリー・カヴェル，コーラ・ダイアモンド，そしてヴィーナ・ダスが人間の脆弱性というまさにその考えを私たちの（諸々の）生の形式（life form(s)）の脆弱性につなげたと言えるだろう。ウィトゲンシュタインが生活形式（*Lebensformen*），カヴェルが強調した言葉は，諸々の生の諸形式（forms of life）ではなく生の形式（life forms）と訳されるべきである。カヴェルとダスにとって，この生の形式（life form）という考えはウィトゲンシュタインの人間学的敏感さ（sensitivity）と感受性（sensibility），そして日常的言語の諸形式への彼の関心に，いずれとも明白で奇妙で異質なものとしてつなげられる。

> 「どんな状況でか言っていただけますか？」という形で質問することは，まさにウィトゲンシュタインによれば，最も明白な，私たちに向けられた，私たちに関する（日常的言語）行為である。この場合の私たちというのは，哲学者として私たちであり，そこで私たちは，有限性に打ちひしがれながらも，日常の言語のあるがままに，不可避的であるのと同様，様々な仕方で，自分が行おうと意図しないことを強いるように誘われる。それは私たちの言語が，私たちにとって異質であり，私たちは絶え間なくそうしようとするということである。(Cavell, 2006)

　よって，カヴェルにとって日常の不思議さは，日常生活と言語に戻ることで解決しない。人間とは所与のものではなく，それが何であるのかは，私たちには分からないのである。
　人間的なものとそうでないものとの間の曖昧さは，何が生命（life）であって，何がそうでないかということの曖昧さへと次第に変化する（Das, 2007, 16）。
　ヴィーナ・ダスが人間の日々の生活と呼ぶ，日常に注意を向けることは，ケアをすることは最初のステップである。すなわち，ケアとは注意であり，ケアの倫理とはすぐ目の前にあるのに大抵は気づかれないような現象に注意を喚起するものである。

すでに久しい以前から哲学の役割は，隠れていたものを露呈させることではなく，見えるものを見えるようにすることであった。あまりにも近くにあり，あまりにも私たちと密接であるため見落としているものを立ち現わさせることである。(Foucault, 1978, 540-541)

　それはまた，一般人の道徳的力量や能力に注意を向けることである。ここでジョアン・トロントとバーニス・フィッシャーによるケアの定義は，きわめて深刻に受け止められなければならない。

　最も広い意味で，ケアは私たちがこの世界で最大限によく生きることを可能にするように，世界を維持し，継続し，修復するためのすべてを含むような活動である。その世界は私たちの身体，自己，環境を含み，私たちは，それらすべてを生を維持する複合体の中で絡み合わせようとする。(Fisher and Tronto, 1990)

　ケアという視点は，依存という私たちの一般的な状況と，これらのつながりを否定することの危うさに注意を向けるものであり，それゆえに，政治的でありながらもそれと不可分に倫理的でもある。つまりこの観点は，依存することと脆弱性とを回避して組織された社会関係——それは正義の倫理の盲点である——の分析を展開する。ロールズによって記述された「原初状態」に対する回答として，ケアの観点が賞賛する特殊な現実主義は，ネル・ノディングスの言葉を引用すれば，脆弱性という「本源的状態」を，道徳思想と政治思想をつなぎ留める錨点として配置しようとするものであると言えるであろう。よって，ケアのアプローチは，前世紀後半にわたって政治的，道徳的考察の双方の領域で発展し，支配的ポジションを取ってきた正義の理論を批判対象とする。それは単に，ケアの支持者と正義の支持者との間の論争が例証するように，こうしたアプローチがロールズの正義の観念の普遍性を問題視するからのみならず，それらがまさに道徳的な問いかけの性質そのものと，正義の概念そのものを変容させたからである。ケアは実践であり，道徳的感情や気質ではないのだ。

ケアはどこにでも見られ，人間生活の一部にあまりにも浸透しているため，それが何かということが考えられることはなかった。つまりそれは，可能な限りよく私たちが住めるよう，私たちが世界を組織するために行動することによってなされる活動である。実際に私たちが生活する仕方へと踏み込んだ場合，ケア活動は中心的で広く浸透している。これらの活動を真剣に取り上げると，どれほど世界は異なって見えるであろうか。

　人間生活の中心により近く，ケアおよびそれに関する価値や関心を据えたならば，世界は異なって見えるであろう。(Tronto, 1993 フランス語訳版への序文)

個別的なケア

　したがってケアは，世界についての考え方であるので，主たる問題は次のように示される。

　このケアする態度が要求するのは，ケアのための普遍的ニーズと各自個別的なケースのケアの，最善と思われる形とを調和させることである。それは私たちの各々および皆が英雄的で適切な，ケアを与える者だということだけでなく，生活のあらゆるレベルにおいて日常的にケアを受ける者でもあると認めることを要求する。(Tronto, 1993)

　この議論で問題となっているのは一般的な道徳の原理の妥当性であり，よって，一般的なものと特殊なものとの関連である。ケアは倫理を「日常的なものが持つざらざらした地面」(ウィトゲンシュタイン) という次元，つまり日々の生活の次元に立ち戻らせることを提案する。それは (近しいかどうかにかかわらず，)「他者の毎日の生活の」常に 1 人ひとりのものであるような，具体的なニーズに対する実用的な応答である。よってそれは公的領域とまさに同程度に私的領域でも遂行される仕事であり，何人たりともないがしろにされないような

関わり合いであり，その人が置かれた状況下で問題となるような些細な事柄に気づくことなのである。ではここでの論点となる，特殊なものおよび個人の感性の重要性とは何か。1人ひとりが何を主張することができるのだろうか。個々の感性に対する（異なった）声を取り戻すこと，つまり，近しいものに対する声を取り戻すことによってこそ，人は人間世界についての「保護としての対話」（歓待する対話）を確証する。これは『生活と言葉』（カヴェルがダスを参照）の中で説明されている文脈において明らかになっていることである。カヴェルは次のようにダスを参照する。

　　女性は暴力がもたらすものを嘆くことが性的分業において決定づけられており，その中での女性の役割とは，ほころんだ世界で，家庭というものが機能するように日々の生活の細部に気を配ることである。日用品の調達，料理，洗濯，整理整頓，育児等々。つまり女性の役割は，生活それ自体を，一組一組，何とか生きていけるリズムに自ら編み戻すことができるようにすることである。そのことを認識しなければならない。そして，そうした明らかに些細な諸事（波乱に満ちた境遇の中にある戦士たちにとっては些細ではないけれども）におぞましい結末がいかにつきものであり，それは何ものにも代えがたいものであることを，私たちに考えさせるのも彼女の役割である。(Das, 2006, 89)

　ケアの主題は，社会的で生物学的な生活の形式 (form of life) の中で，関係性の脈絡に囚われているがゆえに心を動かされるような，感じやすい個人である。彼／彼女は，ある特定の事柄や状況，瞬間，人々を考慮するがゆえに，注意深く，思いやりがある。よって，ここでの倫理学は「正義である」から「重要である」へと重心を移動している。人間生活にとってケアが重要であると判断することは，誰かに依存することと脆弱性が，単に「他者」に対して偶然起こるアクシデントではないと認識することである。素晴らしいフランス映画のタイトルに次のようなものがある。「正常な人間に例外はない（邦題「おせっかいな天使」）」。同様に，「脆弱な人に例外はない」のである。ほとんどの道徳理論を

動かしている自律性という理想に反してケアは，私たちが原初的なニーズを満たすために他者を必要とすることを気づかせる。このようにあまり愉快でないことを思い出させるということが，ケアについての間違った認識の原因となり，ケアは中身のない，あるいは恩着せがましい類の慈善行為へと貶められている。私たちは自分がケアが必要であると認められないのである。

　自立性という理想は，女性にとっても何よりも重要であるがゆえに，解放の過程を定義づけるものであった。自律性という問題は，現代の個人にとっても提起されうるものであるが，今日においては，それはケアを通じてである。ケアは病人や老人だけのものではない。つまり，女性，男性の双方にとって今，その人が自律的であるということは，1人なり複数の他者が彼女や彼の世話をするということを意味する（掃除，料理，往診など）。私たちはこの考えを好まない。なぜなら，とりわけそのことが，次のような事実もまた思い出させるからである。すなわち，西欧の女性の解放（私はここでヨーロッパの状況について言及している）は，男性が本当に変わったということではなく（それは男性が家内労働をどれほど担っているかの統計が示す通りである），南部や東部出身の他の女性がケアという役目を担ってきたという事実に依っており，そうしたことはいまだ見過ごされている。私はここで，ジョアン・トロントに従って，今日ケア倫理（care ethics）が蔑まれていることの根拠となるのが，ケアに結びついた諸活動に対して現にある蔑みであるということ，そしてこのような活動の重要性の再考のみが，唯一ケアの倫理学への理論的道筋を開くものであるということを提案したい。

個別主義と生活形式

　ケアについての考察は，道徳的思考においては幾分個別主義的なものの見方をする。それはウィトゲンシュタインが『青色本』で「一般性への渇望」と呼んだもの，つまり思考と行為の一般的規則を宣告することへの欲望に対抗するものである。それは道徳性のうちの，特殊なもの，つまり人間生活の軽視された局面である日常の細部に注意を向け，個人に価値を置こうとすることである。

道徳性を変質させることこそが，この記述の目指すところである。すなわち重要であっても，私たちの目の前にあるがゆえにはっきりと気づかれないものを理解できるようになることである。アーヴィング・ゴフマンがフレーム分析において社会学の対象を定義し，そしてヒラリー・パトナムもウィトゲンシュタインを引用して「存在論抜きの倫理」について述べたように，倫理は状況，瞬間，「何が起きているのか」についての特定の知覚から現れる。現実に適用するためだけの一義的な道徳概念など存在せず，むしろ，私たちの道徳概念は，それが適用される際に，私たちの存在や，生じている事，考えている事から私たちが行う語りや記述それ自体に依拠する。私たちが日常生活で重要なことやその位置づけに気づくことができるということは，単に情緒的で，感受性が強いということだけでなく，適切な表現 (あるいは同様に，不器用で下手な場合は失敗した表現) を行えるということでもある。ケアの倫理の中心にあるのは，私たちが道徳的表現を行うことができるということ (すなわち，それへの指向) である。それはカヴェルとチャールズ・テイラーが多様な方法で示したように，諸々の生活形式 (life forms) に根づいており，表現の形式と他者へのつながりの自然的であると同時に社会的な集合体という (ウィトゲンシュタインの言う) 意味においてである。

　表現の倫理的構造を定めるのは，生活の形式 (form of life) である。逆に言うと，この構造は生活の形式に手を加え，形を与える。他者との関係，私たちが他者の何に対して関心を持ち気遣うのか，彼らの何を私たちが重視するのか，そうしたことのみが，他者の意味を (好むと好まざるにかかわらず)，その人の正体が明らかになるような文脈において，迎え入れるのである。ケアという観点からの分析は，道徳論批判において記述されるが，そこで主張されているのは，倫理学的考察における道徳的実践の記述の優位である。そしてそれは倫理学的考察における方法論，さらには，G. E. M. アンスコムが有名な論文の中で「近代道徳哲学」と呼んだ原理についてさえも問題視している。バーナード・ウィリアムズが喚起するように，もし「倫理学の諸理論が，かくかくしかじかの個別的な問題において，各人および万人の判断を導くと考えられる抽象的な図式である」ならば，それらは (正義論のような) 一般的規則や概念に基づいて，

個々人を理解し論じることを目指すものとなる。

　他方，実践的なケアの倫理は，道徳的問題を具体化し，私たちがどのように対処するかということから始める。それは（おそらく一般性を切望することに逆戻りするであろう）特定の解決策から抽出するためではなく，特殊なものの価値に気づくためである。実践的ケアの倫理は包括的な理論的アプローチよりもむしろ，行為者自身が自分を表現するための空間を作りうるような道徳的民俗学を必要とする。正義と合法性というモデルに基づいて道徳性を理解することは，道徳生活の最も重要で難しい側面——つまり私たちの近しさや，動機，関係といったもの——を見落とすことに通じる。そしてそうした考え方は，義務，合理性，選択という，私たちのありふれた問いかけからはほど遠い概念を支持するのである。

　親切，寛容，優しさといった性質は，道徳理論が記述したり，評価できるものから逃れ出るように思われる。マイケル・ストッカーは1976年の論文の中で，「近代の道徳理論は瑣末で矮小化した道徳的生活を推進するようにまでなった」と記している。合理的行為（なるほどそれは生産的である）や道徳的選択という観念に囚われていると日々の道徳的な問いかけと道徳的活動の重要な部分を見落とすことになる。現代の道徳的考察が，こうした特性をまったく考慮していないと主張するのはおそらく言い過ぎであろう。しかしケアが目指すのは，例えば徳の倫理や人間の発展／繁栄よりもさらに先を行くことである。すなわちそれは，自己のためのケアに対抗してではなく，自己への実際の現実的なケアのためのまさに基本として，脆弱であると認められる他者へのケアが評価されるよう努めることである。

　『リアリズムの精神』（Diamond, 1991）への序文（pp. 23-24）でダイアモンドが道徳哲学はすっかり「退屈で鈍感」になったと断言するが，そこで彼女が言おうとしているのは，道徳的問いについての人間的特性，つまり他者に結びつけられたこの日常の道徳的生活に鈍感であるということである。彼女にとって，これは話されたことや表現されたことへの感性，あるいはケアに固有の感性の問題であり，そこには特定の態度や特定の言葉に耐えられない特有の状況が含まれる。ある人に向き合う時，ある人はもう議論をしたくなくなっており，自

分に問いかける。「この人は誰か，彼または彼女はどの世界に生きているのか，私たちの議論がどの世界において行われうるだろうか？」。重要なことは感性と理解の間の対立ではもはやなく，むしろ思想家のジョン・マクダウェルが発展させたような (1994) 概念的な感受性である。とりわけ道徳概念の実用的な特性と概念的活動の知覚的特性は，ケアが現実にアプローチする際に作用するものである。

ケアと正義

当初から，特にケア対正義の議論 (アメリカの道徳哲学および政治哲学のやっかいなテーマとなった) という文脈においては，気遣い (concern) という考えは新しいアプローチであり，新しい声を表すものであったが，かつては行き詰まり沈黙に付されていた。キャロル・ギリガンは，コールバーグの道徳的発達のモデルに見られる正義という言葉では，女性の経験や視点を道徳的に適切なものとして説明することができないと指摘した。彼女は正義という言い回しではなく，道徳的問題を共有しそれに対処するような道徳的傾向に関して，「異なる声」という仮説を立てた (Gilligan, 1982)。こうした異なる方向性は，それ自体一貫性と正当性を持つと言えるが，その理解を可能にするのが，ケアという語である。正義に基づく倫理の持つある種の限界を強調するケア分析は，表現を分節化しそれを記述するという作業に専念する。この (正義論の) 限界は表現という観点から辿られる。ケアの倫理が見出すのは，女性特有の感性を定義することにまつわる概念的および政治的な問題ばかりを強調している限り，伝統的に女性にあるとされている感性に気づくことはないということである。

ケアが関わる問題は，単に道徳的なだけでなく，まさしく政治的でもあるが，それは家族関係，私的なもの——つまり親密な関係——に政治的な次元を持ち込むものである。ただしそこで主張されている平等性は，たとえカップル間のものであっても，不十分であるように思われる。ケアは，家族の中で形成される近親者という関係の特殊性を説明し，家族的領域について再考することを可能にする。この領域は，正義と愛の感情の間の緊張関係によって形成されるア

リーナのようなものである。他者のためのケアの具体的様相が展開される社会的，感情的条件を考察することによって，ケアの観点は「家族間の取り決めに関するミクロ政治学」へと門戸を開く。マルガリート（2002）とカヴェル（1981）が主張するように，家族とは，ケアの分配と依存による分業の中枢をなす組織であり，他者のためのケアについて考える最初の場面である。よって，ケアの観点は私たちを以下のような探求へと導く。それは，私たちがいかにして，——実践上も理論上も——個人的関係の領域（家族関係のみならず，恋愛関係，友人関係など感情的関係一般）と，いわゆる非個人的領域（このことはセネットの「公人の滅亡」（邦題『公共性の喪失』）の考えに反するものである）の間にある境界設定を取り扱うかという問題である。

　もはやケアと正義のどちらかを選ぶということが問題なのではなく，どのようにして人はこの2つの傾向を見失うかについて理解することである。最近のギリガンの記述にある提案を辿ると次のことが記されている。

　　正義論の潜在的な誤りは，その隠れた自己中心主義にある。それは，ある人の観点を客観的な見地または真理と混同する傾向であり，自らを他者の立場に置いて，他者を自身の言葉で定義しようとすることである。ケア論の潜在的な誤りは，人は言葉を持つことを忘れがちで，他者の観点に入り込んで，自己を他者の言葉で定義することによって，その人が「無私」であると考えるような傾向を生み出しがちだということにある。（Gilligan, 1995, 43）

　したがって問題は，正義かケアかという議論を超えて，彼または彼女の声を各個人が見出すことであり，正義の声とケアの声を，この2つの誤りと誤解，2つのねじれと歪みを避け，双方の声を聞くことである。

　　人間を男性と同一視することは，女性を顧みないという点において不当である。そしてケアを自己犠牲と同一視することは，それがケアの活動と主体を思い描くことに失敗しているという点において配慮がない。（Gilligan, 1995, 43）

したがって，ケアのアプローチの正当性を示すためには，正義についての日常的感覚，他者と自己のためのケアの実践へと立ち返る必要がある。そうすれば，ケアは具体的で規範的ではない，本物の倫理に向かう生きた道筋として現れる。それは何らかのその場しのぎの道徳的妥協として，正義と感性を両立できるようにすることではないし，正義の理論にケアを幾分か持ち込むことでもなく，逆に私たちの感情に合理性の尺度を取り入れるようにすることでもない。数多くの倫理に関する研究がこの両立性を肯定的にもっともらしく論じてきた。よりラディカルに言えば，むしろ，感性を正義の必要条件として見なしていることになる。トロントが注意を促すのは，ケアと正義の論争が，実際には常に「どちらか一方に加担した」ものであり，まるでケアの倫理には正義と両立可能であると証明する責任があるかのように，見なされていることである。しかし私たちが基準とする正義論が証明すべきことは，それらがすべての人の要求を考慮しうるということではないか？　つまり，「他者の日常生活」についての説明をするべきではないだろうか？

重要性の重要さ

　ケアの倫理は，普段気づかれることのない，生活の日常の細部へと私たちの注意を引くことによって，倫理が目的とするものについての，全く異なる視座へと私たちを導く。一般性への哲学的切望は「個別的な事例を軽んじる」が，道徳的知覚は個人を気にかける。　ウィトゲンシュタインの弟子であるアイリス・マードックは「道徳的洞察と選択」(Murdoch, 1997)で道徳性への注意の重要性について記している（関心を払う，注意深くあるということ，これは私たちがケアを表現する場合に真っ先に行う仕方である）。注意はケアが倫理的に意味するところの一部である。私たちが気づくことのないこうした生活の細部に，注意を払わなければならない人が存在する（私たちが立っているこの部屋を掃除し，整理してきたのは誰か？　今，子供たちの世話をしているのは誰か？）。

　経験に命じられるのではなく，経験によって導かれるのが，私たちの関わ

り方である。私はそれを人の経験を照合することであると考える。私がここで言っているのは，誰かの経験を考慮に入れると同時に，それが精査されるようにするということの意味をうまく捉えるための注釈である。そしてこれらを超えて，しばし立ち止まって，あらゆる先入見から身を離し，その軌道を自ら見つけるために，期待されることやお決まりの軌道からあなたの経験を遠ざけ，関心へと至ることである。(Cavell, 1981, 12)

このケアと何が考慮されるべきかということのの関係を，カヴェルは，映画製作と映画作品という観点から明らかにしているが，それこそが私たちにとって考慮されるべきものであり，それはまさに私たちのケアの主題となるものである。

　私が描く道徳とは次のようなものだ。撮影され，映画化される時に対象がどうなるかという問題に対する答えには，ただ1つの情報源しかない。個々の映画製作者たちによって撮影される場合，個々人と特定の地元の人々やテーマ，動機がどうなるかというような問題が生じるが，それらの対象物や人々の現れと意義は，実際には，私たちにとって問題である連続したフィルム，あるいは映画の進行の中に見出されるのである。(Cavell, 1984, 183)

映画制作，つまり1つの映画の中のある特定の瞬間の重要性は，何が重要か，何が考慮されるべきかを提起するという点に見出される。しかし，

　もしそれがある瞬間に感じられることや意味を強めるためのわずかな1コマであるならば，それと同等に，その映画のある部分はこの傾向に対抗するためのものとなる。そして代わりにそれらの意味は，彼らが生きている瞬間においては，通常は与えられないという致命的な事実を私たちに知らしめるのであって，その結果人生の重大な岐路を決定することが，生涯の課題となるであろう。(Cavell, 1984, 11)。

ケアは，物事や瞬間の目に見えない重要性，すなわち，この重要性が本来隠れたものであることに対して特定の注意を払うことに基づいて定義される。この現実的なものと経験の脆さは，ゴフマン（1987）の用語で言うならば，日常的経験の特性である。それは，その意味が決して与えられないがゆえに，「構造的に脆弱」である。道徳性を重要性とその重要性が経験の構造的脆弱性との結びついていることに基づいて再定義することが，ケアの倫理の定義となろう。ケアの概念は注意，ケア，重要性，意味といった説明するのに特殊な言語ゲームを形作る語群から不可分である。ある人の道徳的ビジョン，彼，彼女が感じる存在の手触り（*texture of being*）が隠されずに示され，つまり親密に展開されるのは，言語の使用（語の選択や表現のスタイル，会話）においてである。この手触りは，選択と道徳的議論に関してはほとんど取るに足らないものであるが，「何が重要であるか」ということに関しては再度問題となり，個物の間の差異を表現するようになる。

　　私たちはジェスチャーやマナー，習慣，スピーチを行ったり，思考を展開すること，つまり，道徳的表現としての側面を持った文体が認められない限り，文学について道徳的関心を見ることはできない。そうした事柄についての知的記述は，知的で鋭い視点からの人生の記述，すなわち，重要なものについての記述に属するのであって，それらを人間の生に浮かび上がらせるものである。（Diamond, 1991, 375）

　倫理の観点から見た生活の形式は，知覚——すなわち，道徳的素地または動機への注意——によって定義される（ヘンリー・ジェイムズについてのダイアモンドとヌスバウムによって書かれたエッセイの中で述べられている）。これらの動機は「道徳表現的」なものとして理解される。文学は道徳的知覚の特権的な場であって，道徳的知覚を可能にする背景の創出を通して，重要な（有意義な）差異の出現させる。文学においてと同様，例えばクッツェーのように，動物について『恥辱』に書かれていることを読むと，動物を異なる見方で見るようになり，私たちの道徳的世界の中でそれらがいかに重要であるかを理解することがで

きる。

　正当な理由とは，他のどんな領域とも同様，倫理においても私たちが他者
と共有する生の中で進行するが，その人生で何が重要かということはあらか
じめ定められていない。私たちが発することができるものの力は，私たちが
使用する語の生活との関係，私たちの生活におけるこれらの語の場所との関
係に依拠している。(Diamond, 1991, 27)

道徳的能力

　ヌスバウムは（判断したり，議論をしたり，選択できることとの対比での）倫理的
能力を，知覚が自ら動き微調整するという観点から定義している。彼女にとっ
て，道徳性は知覚と注意に関わるものであり，論証に関わるものではない。よ
って，彼女のアプローチに対して異議を唱えることはできるだろうが，それは
感情と理性の間の滑稽な対立へと戻ってしまうであろう。小説が私たちに教え
てくれるのは，道徳的生活を，「冒険と即興の舞台」であると考えることであ
る。そしてそのことが，道徳的主体について私たちが抱いている着想を変換し，
「道徳的即興にある価値 (values in moral improvisation)」を私たちに見えるよう
にする (Diamond, 1991, 316)。このようなアプローチの中では，ケアは付随的，
あるいは周辺的要素であるというよりもむしろ，倫理の根源にある。道徳を学
ぶことが定義する倫理とは，現実と他者とに注意を向けることである。それは
1つの生活の形式 (a form of life) と模範性に基づいた感覚的訓練への入門であ
る。よって道徳性（と政治）とは，私たちが道徳的表現を読み取り，評価する能
力に関わる。この能力は純粋に情感的というわけではない。この能力は概念的
で言語的である。すなわちそれは，私たちが言葉を正しく使用できるというこ
とであり，言語を新しい文脈で使用し，正しく応答／反応できるということで
ある。
　テイラーが言っていたように，道徳的な表現能力は適応性を持った (malleable) 生活の形式に根差しているが，それはこの適応性が，私たちの言語の正し

い使用と誤った使用に影響を受けやすいからである。表現の（倫理的）構造を決定するのは，（社会的であると同様，自然的な意味における）生活形式（the form of life）である。逆に言えば，言語表現の構造が生活形式に再び作用し，それに形を与えるのである。

　　その構造は私たちが決して完全に支配することができない背景に対してのみ，作動しうるものである。というのも，私たちはそれを支配することなく，また全体を見渡すこともなく永遠に作り直し続けるからである。（Taylor, 1997）

　他者への関係，他者に抱く関心とケアのタイプ，私たちがそれらに与える重要性は，唯一無二なものとして公開された表現の中にのみ存在する。
　懐疑論的な仕方でカヴェルが述べていることは，テイラーによってはより「解釈学的」な仕方で記述されているが，双方とも，共通する表現——すなわち文体の構成と，他者の表現を見習うこと——に基づいて，道徳的問いへと至っている。「人が表現するもの，人の姿は，理解されべきものであって，読まれなければならない」（Cavell）。こうした表現の解釈，この意味への感受性こそが，応答することを，可能にするのであり，それが注意とケアの所産である。
　私たちは倫理的合理性の観念に基づいて，合理性の意味するところを修正し拡大しなければならないが，それによっていかなる形の論証も拒絶し，実践的倫理を基礎づけているような適応主義に回帰するというわけではない。義務や選択といった道徳的観念に焦点を当てることは，カントとロールズの影響によるものであるが，それによって，日常的な道徳的問いの本質は排除され，ケアが提示する日常的な道徳的問題については十分に考えてられてこなかった。ダイアモンドが述べるように，寸分の狂いもない厳格で道徳的な人は，どこか狭量でとげとげしいものである。そして（率直に言えば）この好ましくない特徴は，漠然とした非倫理的な心理学的な概念と見なされるのではなく，道徳的考察に不可欠な部分を形作るような何ものかになりうる。優しさ（gentleness）のような性質に着目した場合，それは記述的で規範的な観点からのみ扱われうるが，

「規則という観点からの分析に抵抗する」ことをベイアーは示唆している。(Baier, 1985, 219) というのも，この (親切という) 性質は状況に従って他者に対して適切な応答をする技量であり，それは経験に基づく態度や状況に対する感受性，即興を行う技量，すなわち，一定の反応に直面した時に「何か別のことに移る」ことを必要とするからである。ベイアーによると，法遵守のパラダイムは道徳的反省をゆがめるものとなる。

　　分析的方法論に異議を唱える人たちはたいていの場合，哲学的思考を数学的計算との比較で拒絶するだけでなく，法遵守主義者のパラダイム，すなわち，議論をかざすことも拒絶する。(Baier, 1985, 241)

ベイアーは，マードックと同様に，道徳哲学は——あたかもそれが道徳的問題であるかのように——義務と選択の問題へと還元されうるという考えを批判している。なぜなら，道徳哲学は，これらの用語で定式化される場合には，常にそのようなもの (道徳的問題) として取り扱われうるからである。ベイアーはI. ハッキング (1984) が述べる，ゲーム理論モデルに取り憑かれた道徳哲学についての言及を取り上げる。ベイアーにとって，これは男性的シンドロームである (それは〈お偉方のゲーム〉で，相当に馬鹿げたものでもある」)。確かに通常の道徳的生活は決定の連続である。しかし何が決定に導くかは，推論や原則の適用によるのと同程度に，即興による作業でもある。トロントがこれを見事に表現している。

　　ケアは正義を要求するが，それはまた正義について具体的な事例と状況の中で考えるようにも要求する。それは単に法廷で政治家や哲学者が適用するような，一般化された一揃えの原理としてではない。(Tronto, 1993)

時に懸念されるのは，理論的で「日常的な」アプローチが，新たに歪曲され，基礎づけ主義や保守主義という形を取るに至りうることである (Ogien, 1999; 2004)。原理を議論するよりも慣習と伝統に頼ろうとする人もいるであろう。

マードックは，こうした道徳性についての議論上の中立性について，うまく論じてきた。すなわち，中立性という観念それ自体がリベラルであり，イデオロギー的にはリベラリズムに位置している。

　カヴェルの答え——それはいくぶん違ったものである——は，この私たちとは誰か，おそらく私たちが依拠するような習慣や伝統とは何かについて述べることの難しさに関わるものである。道徳性に関する本質的な問題とはおそらく，その出発点，すわなち所与についての問題であろう。この私たちが「日常的に知っていると主張すること」と，通常の道徳的権威との特殊な関係は，カヴェルによると，道徳的生と，私たちの道徳的合意の特質を定義するためのきわめて重要な要素となる。私があの生活形式へ帰属するか，この生活形式に帰属するかの合意は，社会的であれ，道徳的であれ，一定のものではない。その背景はアプリオリではなく，実践そのものによって変更されうる。この受容の形，私たちの合意の限度と尺度はアプリオリに知ることはできない。「人はある世界の範囲や規模をアプリオリに知るに過ぎない」(Cavell, 1989)。

　　私たちの間には，システマティックに浸透する同意というものがあり，私たちはこれまでそれに気づくことがなかったか，あるいはそれに気づいていることも知らなかったのである。ウィトゲンシュタインは時にそれらを規約，時に規定と呼ぶ。私たちが従う合意を彼は「判断のもとの合意」と呼び，「諸々の生の形」の合意に依拠した私たちの言語使用の技量を明らかにする。しかし彼が言うには，諸々の生の形とはまさに「受け入れられるべき」ものなのであり，「既定のもの」なのである。(Cavell, 1979, 30)

　言語において私たちが合意するということは，言語——つまり私たちの生活形式——が，言語が合意の成果であることと同程度に，私たちにお互いの理解をもたらすことである。それは私たちにとって，そうした意味において自然であるが，因習という概念は，そこでこの必要性を即座に真似て，それが必要かどうかを隠蔽するということである。「因習という暴虐の下に存在するのは，自然という暴虐である」とカヴェルは述べている。この点では，カヴェルによ

って提起された「生活の形式」の一般的解釈についての批判は適切なものになった。カヴェルはこれらの解釈について，「生活の形式 (“form of life")」と対比した，「生活の形式 (“form of life")」という明確な表現を用いることによって反対している。所与のものとは，私たちの諸々の生活形式である。私たちに私たちの合意を妨げ，基準を破ろうとさせるものは，こうした所与の拒否，つまり，社会的にだけでなく生物学的な次元で，生活の形式を拒否することである。カヴェルが力説するのは，この第2の (垂直的) 生活の形式の側面であるが，その一方で，同時に第1の (水平的) 次元，すなわち社会的合意を認識するということも重要である。第1の意味 (慣例主義の言うところのもの) について，どんな議論が遮られてきたかについては，「自然的反応」と「人間性の自然史」とを取り上げる中で，ウィトゲンシュタインが強調している。生活形式において与えられるのは，社会的構造や多様な文化的慣習だけでなく，「人間の身体，感覚，声のもつ特殊な力とその次元」に見出されうるすべてである。それはカントのフレーズに，ちょうどハトのように飛ぶためには空気が必要だとあるように，ウィトゲンシュタインのフレーズで言うならば，歩くために摩擦が必要だ (Wittgenstein, 1953, § 107) と述べることができる。

　　それは言語という橋台 (abutment) と因習の問題として考えられた場合の世界を理解するための素晴らしい一歩である。しかしこの考えは，他の考えと同じ様に，想像力を手放す恐れがある。なぜなら，私的な意味もまた，公的なものとして到来する意味と同様に恣意的なものではなく，言語が不可避的に変化する以上は，それを恣意的に変えない理由はないと考える人もいるからである。ここで，私たちが思い起こす必要があるのは，日常言語は自然言語であり，それゆえその変化は自然発生的であるということである。

カヴェルは『理性の要求』(Cavell, 1979) の第1部の結論部において，「私たちの因習の自然的基盤」と彼が呼ぶものについて次のように問う。

　私たちの因習の自然的基盤とは何か，何に対して有用であるのか。因習につ

いて問うことは不適当である。そうすることで，因習は無用なものとなろう。もはや私が当然のこととして進んでいくことは許されない。行動の道筋，すなわち，言葉の道筋は遮断される。「1つの言語を思い描くことは生の一形態を思い描くことである」(Wittgenstein, 1953, 19)。哲学的思索において，私は自身の言語と生を想像作用に持ち込まなければならない。(Cavell 1979, 125)

政治的，倫理的意味で生活の形式について考えることは，生活の形式にあるすべて，自然的にあるすべてを受け入れる必要はない，ということである。私はあらゆるものに対して，あらかじめ同意していたわけではない（カヴェルがロールズ批判の基礎を置くのは，この点である。Laugier, 1998; 2004 を参照）。

　所与のものとして，この生活形式を受け入れ，それに忍従するように求められた場合，私たちは言うなれば，私的な特性を受け入れるように求められているのではなく，そこから離れることを求められる。つまり，そこで受け入れることを求められるのは，権力による特定の事実ではなく，私が1人の人間であり，それゆえ，そうした（範囲やスケールでの）能力でもって，働き，遊び，耐え忍び，訴えかけ，命令し，理解し，願望し，意志し，教育し，苦しんだりすることである。(Cavell, 1989, 44)

道徳的言語が私に与えられるということは，私がどのように聞こえるのか，あるいはこの言語において，どのように対話者と合意に至るのか，あるいは応答するのにふさわしい口調をどのように見つけるのかを，私がアプリオリに知っているという意味ではない。それは常に決裂したり，懐疑論に陥ったり，言語における同意や道徳的同意を構成する道徳的声と道徳的同意を喪失する可能性へと開かれているということを意味する。

　私たちの特定の道徳的な見方は，思考と応答というもっと広い背景から現れる。私たちがいかにして道徳的な概念でもって私たちの生と他者との関係

を秩序づける（あるいはそうしない）のか，つまり，私たちの概念がいかにして自分たちが行ってきたことや経験してきたことを物語るストーリーを組み立てるかは，人それぞれなのである。(Diamond, 1997, 220)

概念の喪失，経験の発見

ダイアモンドが例として挙げるのは，ピーター・シンガーが動物愛護の立場から明言する以下のような一節である。

　私が「愚か，鈍感，無分別」という言葉で意味するものは，この引用文の中にある「（で）さえ」という1語によって明白となろう。「実験を行う者が，人類の側から見た偏見を露にすることを私たちは思い知らされてきた。実験者が動物実験を行うのは，いついかなる時も，たとえ発達の遅れた者でさえも，人体を使用することが正当化されることはないだろうという意図を持っているのである」。(Diamond, 1991, 23)

そうした論証において問題があるのは議論そのものではなくて，ケアの欠如した状態を表す「〜でさえ（even）」というこの恐ろしい言葉が用いられていることである。道徳哲学は物を見る目がない鈍感なものになったと，ダイアモンドが主張する時に彼女が言わんとするのは，道徳的な問いに関する人間の特殊性と日常的な道徳的生に対する鈍感さである。このことは彼女が推し進めようとする道徳性が，例外的な状況，実際にはおそらく選択の状況に無頓着であるということではなくて，重要な決定にまつわる悲劇が，何らかの仕方で日常に内在し，日常に取り込まれているということである。私たちの日々の諸問題も同じような注意とケアを必要とする。日常的な倫理を合意と共同体の理論から，すなわち適応主義的立場を正当化する際に安易に引き合いに出されるような常識と言われるものから引き離すのは，こうした次元での悲劇に他ならない。道徳的知覚においては，いかなることであれ，それは合意と調和ではなく，対比，距離，差異についての知覚およびそれらの表現の理解である。それこそが，

「概念の喪失」が存在する瞬間であり，その時もはや何かがおかしくなっていく……。

　　ある人の見解が位置づけられている概念的世界に対して敏感であることは，人間が言葉に対して敏感となる瞬間である。……私が，目下関心を抱いているのは，誰かの言葉が共通の概念世界を離れる仕方を示しているか，あるいはそう見えるような瞬間を私たちが認識できるということである。（Diamond, 1991）

　ここでダイアモンドの記述にあるのは，感性と悟性の間の対立ではなく，むしろある概念的生（conceptual life）の一形態に対する感受性である。そしてそうしたものこそが，私たちが諸々の概念に対して持っている「感覚的な（sensible）」反応を説明する。ヌスバウムが折に触れて論じ，ケアについてのいくつかの表現があえてそのことを言っているように，倫理において議論と感情を区別する必要はない。むしろそこで機能しているのは，感覚可能であるという概念の特性と，概念的活動が知覚できるという特性である。そしてそうしたものによって，概念的な対比や隔たりについて，はっきりとした見方が可能になる（例えば，人が話しているのを聞いていて，彼または彼女が話していることに反対する議論を必ずしも述べることができないような場合でも，それがまったく正当でないことが何となく分かるような場合である）。ケアにその地位を与えるためには，それを最も重要なものとして位置づけなければならず，道徳性が全面的に感覚可能なもの——すなわち，「精神の全体性を包含するであろう感受性」——になる必要があることを考慮しなければならない。こうした問い——表現と経験について，いつ，どのようにある人の経験を信頼し，特殊なものにふさわしい妥当性を発見するかという問題——は，ジェンダーの問題の領域を越えている。なぜならそれは，男性，女性を問わず，私たちの日常生活すべてに関わるものだからである。フェミニズムの歴史は，まさしく言い表されない経験から始まるのであり，そしてそうしたものについてケアの理論は，見落とされ，表現されることのなかった経験の次元に価値を置きたいと願い，具体的な説明を与える。

これはジェンダーを越えてケアが直面する問題であり，ケアこそが，そうした問題を形而上学なしに提示することを可能とするのである。ジョン・スチュアート・ミルはすでにこうした問題を取り上げている。そこで彼が問題にするのは，ある人が自己の経験との接触を見失ったために自分自身を理解させるための声を持たないような状況である。

　　このように精神（mind）そのものは支配に屈した。人が喜びのためにすることにおいてさえ，服従はまず初めに考えられることだ。彼らは大勢の中にいることを好む。彼らは通常行われることの中からのみ選択を遂行する。変わった嗜好，風変わりな行為は犯罪同様に避けられる。自身の性向に従わないことによってまで，彼らには従う性向はない。彼らの人間の能力は弱々しく，餓死している。彼らはいかなる強い願いや生得の喜びに対して無能になり，彼らは一般的に地元で形成された意見や感情か，あるいは完全に彼ら自身の意見や感覚のどちらも持たない。さて，これは人間の本性の望ましい条件であろうか。あるいはそうでないのだろうか。(Mill, 1859, III, 6)

これは女性特有の状況ではなく，経験と概念を一緒に喪失したすべての状況をうまく捉えている（これは声の喪失という状況から抜け出し，声を失った人が言語を取り戻し，それにふさわしい文脈となるような世界を見つけたいと願うように駆り立てうるものである）。
　私たちが経験との関係を取り戻すこと，そしてその表現のための声を見つけること，これが完璧で政治的な倫理の第1の目的である。さらに，この主観的表現を，特殊なものへ注意を払いながら明確化しなければならない。そうした特殊なものへの注意は，ケアの中心問題であり，それによってケアを通じた知・・・・・・・・・（knowledge）を定義することができるのである。例えば文学や映画が私たちに与える道徳的知識は，感性（感受性）の教育を通じて行われ，それは論証に置き換えることができないが，それでもやはり知なのである。この点からすれば，「愛の知識（Love's knowledge）」というヌスバウムのタイトルは曖昧な表現である。すなわちそれは，一般的対象としての愛についての知識ではなく，愛によ

って研ぎ澄まされた知覚，あるいは研ぎ澄まされた，愛についての知覚が私たちに与える知なのである。したがってそこでは，感性と知識，ケアと合理性の間の矛盾はない。倫理は他者に対する注意であり，彼らが私たちと共にあり，私たちのつながりと実践において結びつけられる仕方に対して注意を払うことである。よって，すべての倫理はケ・ア・の・倫理であり，他者のためのケアの倫理なのである。

マーサ・ヌスバウムはロールズの「反省的均衡」に対応するものとして，「知覚的均衡」を提起する。それは，ヘンリー・ジェイムズによる「道徳的ビジョン」のようなものであり，道徳的推論の代わりとなりうるものである。

小説は推論の倫理的スタイルのモデルを構築する。それは相対主義になることなく，文脈につながったものであり，普遍的になりうる具体的な命令を私たちに与えるものである。(Nussbaum, 2006, 8)

それでもやはり，ヌスバウムは道徳的原理についての言及を続けており，確かにそれは，文脈化されてはいるが，具体的なケースに基づいて普遍化されるものである。彼女は私たちに，ケアが要求するところのものの一面を垣間見させてくれる。それは，こうした「愛情があって注意深い」読み取り，すなわちケ・ア・リ・ン・グを通じて，私たちが道徳的状況を別様に能動的に知覚することである。そしてこのことによって，私たちが道徳的主体やその作用の応答可能性（responsibility）を知覚する仕方は変化する。文学が私たちに提示する他者への注意は，私たちに新たに確実なものや，理論上の文学的等価物を提示するのではない。それは，私たちが不確実性や知覚的不均衡に直面し，それに囚われていることを突きつけるものである。ダイアモンドが主張するのは，人間的熟慮とは，「ぞっとするほど奇妙なものや，恐ろしく不可解な事にあって，人が引き受ける冒・険」であるという考えである (Diamond, 1991, 313)。倫理と知覚を狭い概念として焦点を当てることにより，人は冒険を避けて通るという危険を冒す。——すなわちそれは，道徳性の次元を欠くこと，より明確に言うと，「道徳的生とはどのようなものか」という道徳的思考という側面を見失うことであ

る（Diamond, 1991, 25）。道徳性という特質は，注意，すなわちケアの欠如によって見失われるのである。

　ギリガンは「道徳的知覚の再構築」が「道徳的言語の意味を変化させること，つまり，道徳的葛藤と道徳的活動の定義を変えること（Gilligan, 1987, 43）」だけでなく，ケアについての見方が歪曲されないことも同様に考慮すべきであり，そうした見方からすれば，ケアは自己の消失や縮小となることはないであろうと記している。注意と知覚として理解されたケアは，純粋な情感性や献身による自己が持つ，ある種の息苦しさから区別される。それはちょうどケアと正義，ケアと合理性という対立が示しているところである。ケアは，詳細な議論がなされずに軽視されている生の細部へと，新たに注意を向けることを提案することで，私たち自身の無力さと不注意に私たちを向き合わせるだけではない。それは何よりも，そうした場合にどのようにそれらが理論へと変換されるのかを私たちに示してくれる。政治的なものになった場合に，ケアの倫理において争点となるのは，認識論的な問題である。それらは顧みられない現実への私たちの注意の欠如と，これらの社会的諸現実が理論化されないでいるということ（あるいはより率直に言えば，理論化を拒絶すること）の間のつながりを明るみに出し，目に見えるようにしようとすることである。

ケアの政治学

　この観点から，ケアに対してもたらされたいくつかの批判が取り上げられよう。ジョアン・トロントはギリガンがこだわり続ける，2人一組の関係というケアのイメージ（恋人や母親との対面的イメージ）は，考慮されるべき他者への注意深いケアに関わる，全体的な社会的活動を許容するには狭すぎるということを述べている。彼女はケアの哲学的価値づけは，個別主義的な倫理ではなく，むしろ行動（action）の概念の拡大の中に基礎を置くべきだと考える。このことによっておそらく私たちは，ケアの倫理の一部である，とりわけ女性的倫理という考えを放棄し，中立化した人間学に向けて考えを変えながらトロントに合流せざるをえない。ギリガンの立場は性別化された人間学と不可分であった。

彼女にとって，自己への関係と他者への関係は，道徳的判断に表現されるような男性と女性にとって相反する方向を取った。しかしトロントによれば，この立場は必然的に，ある種の人間学的かつ政治的ジェンダーの分離主義へと通じるだろう。性別化された人間学に対抗して，彼女はケアの社会的尊厳を基礎づけるために，ニーズの人間学を提案する。私たちのある（そして最も重要なものに関する）ニーズが，直接にケアを求めるだけでなく，ケアは，ニーズに耳を傾けることが可能となるような場，すなわち，他者への真なる気遣いとして，（政治的）空間を定義する。ケア概念を非情感主義的な形で復活させても，最終的には，脆弱性の人間学を必要とすることになろう。人間は脆弱である。こうした原理こそが，ニーズの場とそれらについての考察への扉を開くのである。

　ケアについての考察は，女性的および男性的な倫理についての考え方に対立しているように思われる。それは第1に，注意，他者に対するケア，責任感，そして私たちが有する人間全体へのつながり，すなわち親密なものによって定義され，第2に正義，自律性によって定義される。

　女性の倫理と男性の倫理，ケアの倫理と正義の倫理の間を対比することに際して直面する問題を強調する必要はないし，ケアの倫理が最初はフェミニスト倫理として，他ならぬ闘争を意図するものであったという偏見が再び生み出される恐れがあることを強調する必要もない。

　トロントによれば，女性が特別な道徳的資質を持っており，道徳的な「人間の声が」存在するという考えはまったく誤解されている。

　　女性の道徳性が特別な種類の道徳性に分類される限り，「女性の道徳」から生まれるいかなる議論も「現実的」あるいは「普遍的な」道徳性の真の関心とは関連性がないかのように退けられうる。（……）

　　本書で私が主として論じるのは，当時主流であった立場である。それは女性の経験から生じる，採択すべきもう1つの道徳理論が存在しうるという立場であり，女性が道徳的に「優位な」立場を占めるということを示すためのものであるが，私にとってこの議論は，女性には道徳的思考の能力がないという議論のように一方的である。（Tronto, 1993のフランス語訳への序文）

後にトロントの考察を見ることになるが，一般的な倫理的，社会的，政治的アプローチに，ケアは統合されうる。それは女性のために留保されたものではなく，万人が望むところとなりうるものであり，正義の概念を改善することを可能にするであろう。

　ヌスバウムやギリガン自身，そしてダイアモンドらのような，他の思想家たちが提案するように，まさに感覚的なものと道徳的知覚，つまり特別な女性の表現性と関わる何ものかに基づいて，倫理を定義し直すことにより，ケアも再定義されうる。

　これらは両立不可能なのだろうか。ケアが女性の視点から切り離されたものとして私たちに課すのは，この種の新しい注意なのだろうか。そしてそれは，様々な著作で示されるように，女性の声が袋小路に陥ったという事実によるのだろうか。ケアの倫理に批判的な力を与えることができるのは，倫理から政治へと移行することにおいてのみであると私たちは理解する。ケアする人が声を上げ，それが妥当性を持つことのできる社会，ケアの仕事が構造的に目に見えず，気づかれないことがないような社会を要求することによって，こうした社会の現実を考察することの難しさが白日のもとにさらされる。

　　ケアの重要性を認識することは，日々働くカースト外の人々，女性，身分の低い人たちによって，人間の社会にもたらされる貢献を，私たちに再評価させる。ひとたび私たちが世界を再配置することに自らを投じるならば，彼らの貢献は考慮され，私たちは世界を変えることができるのである。(Tronto, 1993 のフランス語訳への序文)

　倫理とケアの政治学とのこのようなつながり (当然すでにロールズがそれを批判しているが) は，基礎的な倫理とその現実的履行との間の古典的な移行ではない。トロントが提示するように，ケアの価値づけはその政治化と声を通じて有効となる。ケアの重要性とケアの尊厳を倫理的に主張することは，富の分配とこの分配が決定する社会的分業についての政治的考察なしでは済まされない。

ケアはある種の活動なので，道徳的な傾向とある種の道徳的行為を要求する。それらの特性のいくつかは，人は誰でも隣人や自分の社会にいる人を気にかけるべきであるというような普遍主義的な道徳原理という形で表現できる。とはいえ，これらの特性が道徳的行為の一部となるために，人はこうした道徳的関心事を彼らに教え，それについての感覚を強化するような，私的および公的実践の両方に関わらなければならない。したがってケアの倫理が創造され維持されるためには，政治的関与に訴えることになる。それは，ケアの価値を評価し，その変化した価値を考察するための社会制度を立て直すためにである。(Tronto, 1993, 177-178)

　真にケアの倫理を遂行することは，民主主義的考察によるアジェンダに含まれるようなケアに結びついた実践と，その当事者——ケアする人とケアされる人——に権限を与えることの双方を含意するものである。このことがケアの倫理に耳を傾けることをフェミニストにとってさえ，きわめて困難にしている。ケアの倫理の理論的妥当性の認識および，感情（affections）と情感性（affectivity）の価値づけ——その重要性は正義についての狭量な見解を指摘することで，私たちが見てきたものである——は，ケアに結びついた諸活動の実践的な再評価と，知的なアジェンダと政治的アジェンダとの結びつきを修正することを必然的に通過する。

　したがって，政治を含まないケアの倫理はない。トロントは正しいが，おそらく私たちは批判的で根本的な——フェミニストの——考えを追求することもしなければならないであろう。それは，ケアの倫理とギリガンのテーゼの根源にあったもので，以下のようなアイロニーでもって論じられてきた。つまり，支配的でリベラルな（こう言ってよければ，男性的な）倫理の概念は，それを政治的に言い表した場合，ケアという態度と仕事の価値を減じる社会的行為の産物でありその表明となるのである。

　ケアの世界は，言うまでもなく，一般に社会学と政治学の理論家によって無視されてきた。ケアの世界に住まうのは，言うまでもなく，たいていの場

合，より徹底して言えば，女性，より低い社会階級やカーストにいる人，労働者，そして他のなおざりにされた民族的，宗教的，言語的集団の人々である。彼（女）らはほとんどの場合，政治から排除されている人々である。シモーヌ・ド・ボーヴォワールのような，女性がもっと大きな公的役割を持ちうるという主張を支持しようと欲する果敢な思想家においてさえ，「内在的」生は依然として中傷されていた。(Tronto, 1993)

こうしたことによって，なぜケアの倫理が，多くのラディカル・フェミニストの理論と同様，誤った認識に苦しんでいるかが分かり始めるだろう。その理由は，一般的な「ジェンダー」のアプローチとは逆に，真のケアの倫理は社会の変換なしに存在できないからである。このケアの倫理は誰が誰の世話をするか，そしてどのように？　といった具体的で日常的な問題を提示し，私たちの政治的，道徳的判断を批判的に考察するために必要な力と現実的な観点を与えるものである。したがって，問題として取り上げられるのは，正義の概念だけではなく，おそらく，他者をケアしようとする理論を知らずして，他者に対する侮蔑を理論化し正当化することによって，不正を作り上げようとするような，とりわけ知的な傾向であろう。

（翻訳担当者：皆川萌子・沼田千恵）

参考文献

Baier, Anette. 1985. *Posture of the Mind: Essays on Mind and Morals*. Minnesota: Univervisy of Minnesota Press/Minnesota Archive Edition.
―――. 1995. "What do Women Want in a 'Moral Theory'?". in *Moral Prejudices*, Cambridge: Harvard University Press.
Cavell, Stanley. 1979. *The Claim of Reason.*, Oxford: Oxford University Press.
―――. 1981. *Pursuits of Happiness: The Hollywood Comedy of Remarriage*. Cambridge: Harvard University Press.
―――. 1984. *Themes out of School: Effects and Causes*. Chicago: University of Chicago Press.
―――. 1989. *This New Yet Unapproachable America: Lectures after Emerson after Wittgenstein*. Chicago: University of Chicago Press.

── . 2007. "forwards" in Das 2006.

Coetzee, John Maxwell. 1999. *Disgrace*, London: Sacker & Warburg. (J. M. クッツェー『恥辱』鴻巣友季子訳，早川書房，2000 年)

Das, Veena. 2006. *Life and Words: Violence and the Descent into the Ordinary*. Berkeley: University of California Press.

Diamond, Cora. 1991. *The Realistic Spirit: Wittgenstein, Philosophy and the Mind*. Cambridge: MIT Press.

── . 1997. "Moral Differences and Distances: Some Questions". in Alanen, Iilli, Sarah Heinämaa, and Thomas Wallgren. *Commonality and Particularity in Ethics*. London: Macmillan.

Fisher, Berenice and Joan C. Tronto. 1990. "Toward a Feminist Theory of Caring". in Abel, Emily and Margaret K. Nelson (eds).*Circles of Care: Work and Identity in Women's Lives*. New York: Suny Press.

Foucault, Michel. 1994. « La philosophie analytique de la politique ». *Dits et écrits*, Tome II. Paris: Gallimard.

Gautier, Claude et Sandra Laugier (sous la dir.). 2006. *L'ordinaire et le politique*. Paris: PUF.

Gilligan, Carol. 1982. *In a Different Voice: Psychological Theory and Women's Development*. Cambridge: Harvard University Press. (キャロル・ギリガン『もうひとつの声──男女の道徳観のちがいと女性のアイデンティティ──』岩男寿美子監訳，川島書店，1986 年)

── . 1995 (1987). "Moral Orientation and Moral Development". in Held, Virginia (ed.). *Justice and Care: Essential Readings in Feminist Ethics*. Colorado: Westview Press.

Goffman, Erwing. 1981. *Forms of Talk*. Philadelphia: University of Pennsylvania Press. trad. fr., *Les façons de parler*, Minuit, 1987.

Hacking, Ian. 1984. "Winner Take Less". *New York Review of Books*, 31.

Kittay Feder, Eva and Ellen K. Feder (eds). 2002. *The Subject of Care: Feminist Perspectives on Dependency*. New York/Oxford: Rowman and Littlefield. (エヴァ・フェダー・キテイ『愛の労働あるいは依存とケアの正義論』岡野八代・牟田和恵監訳，白澤社，2010 年)

Kohlberg, Lawrence. 1984. *The Psychology of Moral Development: The Nature and Validity of Moral Stages*. San Fransisco: Harper and Row. (ローレンス・コールバーグ『道徳性の発達段階──コールバーグ理論をめぐる論争への回答──』片瀬一男・高橋征仁訳，新曜社，1992 年)

Larrabee, Mary Jeanne (ed.). 1992. *An Ethic of Care ─ Feminist and Interdisciplinary Perspectives*. London/New York: Routledge.

Laugier, Sandra. 1998. « Lire Cavell ». *Archives de Philosophie*, Vol. 61. 1.

——. 2004. *Une autre pensée politique américaine*. Paris: Ed. Michel Houdiard.

——. 2005. "To Rethink the Ordinary: Austin after Cavell". in Goodman, Russel B. (ed.). *Contending with Stanley Cavell*. Oxford: Oxford University Press.

——. 2006a. "Wittgenstein and Cavell: Anthropology, Skepticism and Politics". in Norris, Andrew (ed.). *The Claim to Community: Essays on Stanley Cavell and Political Philosophy*. Stanford: Stanford University Press.

——. 2006b. *Éthique, littérature, vie humaine*. Paris: PUF.

Margalit, Avishai. 2002. *The Ethics of Memory*. Cambridge: Harvard University Press.

McDowell, John. 1994. *Mind and World*. Cambridge: Harvard University Press. (ジョン・マクダウェル『心と世界』神崎繁・河田健太郎・荒畑靖宏・村井忠康訳, 勁草書房, 2012 年)

Mill, John Stuart. 1859. *On Liberty*, 4th ed., London: Longsmans, Green, Reader and Dyer, 1869. (ジョン・スチュアート・ミル『自由論』関口正司訳, 岩波文庫, 2020 年)

Murdoch, Iris. 1997. "Vision and Choice in Morality". in Murdoch, Iris and Peter J. Conradi (eds). *Existentialists and Mystics: Writing on Philosophy and Literature*. London: Chatto and Windus.

Nussbaum, Martha. 1983. "Flawed Crystals: James's *The Golden Bowl* and Literature as Moral Philosophy". *New Literary History*, Vol. 15, n°1.

——. 1990. *Love's Knowledge: Essays on Philosophy and Literature*. Oxford: Oxford University Press.

Ogien, Ruwen. 1999. *Le réalisme moral*. Paris: PUF.

——. 2004. *La panique morale*. Paris: Grasset.

Paperman, Patricia and Sandra Laugier (sous la dir.). 2005. *Le souci des autres: éthique et politique du care*. Paris: Éditions de l'EHESS.

Rawls, John. 1971. *A Theory of Justice*. Cambridge: Harvard University Press. (ジョン・ロールズ『正義論〔改訂版〕』川本隆史・福間聡・神島裕子訳, 紀伊國屋書店, 2010 年)

Stocker, Michael. 1991 (1976). "The Schizophrenia of Modern Ethical Theories". in Crisp, Roger and Michael Slote (eds), *Virtue Ethics: Oxford Readings in Philosophy*. Oxford: Oxford University Press, 2010.

Taylor, Charles. 1997 (1985). in "Language and Human Nature", in *Human Agency and Language: Philosophical Papers*, Volume 1. Cambridge: Cambridge University Press.

Tronto, Joan. 1993. *Moral Boundaries: A Political Argument for an Ethic of Care*. London/NewYork: Routledge. traduit de l'anglais par Hevré Maury; avant-propos de Liane Mozere; préface inédite de l'auteure. Paris: Éditions la

Découverte, 2009.

Williams, Bernard. 1998. « De la nécessité d'être sceptique ». *Magazine Littéraire: Les nouvelles morales* 361 janvier.

Wittgenstein, Ludwig. 1958. *The Blue and Brown Books*. Oxford: Blackwell. (『ウィトゲンシュタイン全集6』大森荘蔵・杖下隆英訳, 大修館書店, 1975 年)

Wittgenstein, Ludwig. 1953. *Philosophische Untersuchungen*, Anscombe, G. E. M., G.H von Wright and R. Rhees (eds). Oxford: Blackwell. (ルートヴィヒ・ヴィトゲンシュタイン『哲学探究』丘沢静也訳, 岩波書店, 2013 年)

＊なお，邦訳書からの引用に際しては，訳文を必要に応じて改めた箇所がある。

投企と身体

日常生活の回復としての実践

沼 田 千 恵

はじめに

　現在私たちは，様々なリスクにさらされた社会に身を置きつつ生活している。これは近代以降人類が，個人の権利と幸福の追求を道徳的原理の大前提としたことと，表裏一体をなしている。特に近代以降の科学技術と合理主義思想の発展は，自立した主体を人間存在の基本的なモデルおよびその目標とすることを暗黙の了解としている。しかしながら，現代の複雑な社会構造と文明化された生活は，逆に私たちにとって「日常生活の維持」というきわめて基本的な事柄を大変困難にしている。それは加齢や疾病，過労等による健康状態の喪失のみならず，災害や犯罪や精神的ストレスなどに端を発する，私たちを突如として襲う「日常的生の喪失」を意味している。そしてこうした「日常的生の喪失」は，万人がそのリスクを抱えた問題であるにもかかわらず，その研究は十分になされているとは言いがたい。

　以上のような事態は，近代以降の価値観が「心身ともに健康な存在の集合体」としての国家を目標として掲げてきたことと深く関わっている。かつてT. H. マーシャルが経済的困窮の改善に加えて，健康状態や教育水準，余暇等の確保を含む福祉と国家の発展との関係について論じたことはよく知られているが，[1] そこで前提とされているのは，人間が〈平等に〉享受すべき市民権の発展であり，[2] この〈市民〉としての人間の〈一般性〉こそが重視されてきたという

ことである。しかしながら，〈一般的な人間〉を理想のモデルとして，それを目指して社会のあり方や私たちの生活の理想像を構築することは果たして妥当であろうか。とりわけ，価値感や生活スタイルが多様化する現代にあっては，人権や人間の尊厳に基づいた倫理思想について考察する場合，この前提は大いに疑問に付されるべきであろう。

　早くも 20 世紀半ばに，シモーヌ・ド・ボーヴォワールは，『第二の性』(1949年) の序論で，人間存在を〈中性的〉かつ〈抽象的〉カテゴリーとして位置づけることに依拠する男女の価値区分を告発している。彼女はそこに，〈男性＝一般性〉という図式と表裏一体をなした，〈女性＝他者〉という領域が生み出されていること，そしてこの 2 つの領域が非対称的な序列関係を構成していることに着目し，この序列関係が社会における男性と女性の地位の格差の原因となっていることを指摘している。[3] このように女性を他者性の領域へと囲い込むことによって，女性的視点は，下位に位置づけられるものとして，〈一般的人間＝男性〉という範疇から分け隔てられ，置き去りにされてきた。このようにボーヴォワールが提起した問題は，20 世紀後半以降，ネル・ノディングズ (Nel Noddings) やキャロル・ギリガン (Carol Gilligan)，さらにジョアン・トロント (Joan Tronro) らによって，「ケアの倫理学」として，新しい視点から検討されつつある。

　本章がここで取り上げるのは，次のような問題である。(1)人間の脆弱性 (vulnerability) という概念は，伝統的な倫理学の中でどのように位置づけられ

---

1)　T. H. マーシャル『福祉国家・福祉社会の基礎理論——「福祉に対する権利」他論集——』岡田藤太郎訳，相川書房，1989 年，92-117 頁参照。

2)　Cf. T. H. Marshall and Tom Bottomore, *Citizenship and Social Calss*, London: Pluto Press, 1992, p. 18.「市民の権利と義務がどのようなものであるかについての普遍的な定義はないが，市民権という制度が発展しつつある社会は，達成され望まれうるような理想的な市民像を作り出す」。なお，社会的市民権と福祉国家の関係については，以下の文献を参照。M. キルキー『雇用労働とケアのはざまで——20ヵ国ひとり親政策の国際比較——』渡辺千鶴子監訳，ミネルヴァ書房，2000 年。

3)　Simone de Beauvoir, *Le deuxième sexe I*, Paris: Gallimard, pp. 14-16. (ボーヴォワール『〔決定版〕第二の性—1　事実と神話』「第二の性」を原文で読み直す会訳，新潮社，1997 年，13-16 頁)

てきたのか？　そこで何が置き去りにされてきたのか？　この問題を，実存主義的投企が主張する人間存在のあり方および超越の哲学が目指す人間像という観点から検討する。(2)従来の倫理学において中心的位置を占めてきた「超越」の概念に基礎を置く理想的生の実現という観点に見出される倫理学の問題点を，ボーヴォワール，サルトルの思想および日本におけるサルトル研究等を参照しながら検討する。(3)〈脆弱性〉を生の様態として常に前提としなければならないような私たちの生活において，日常性の維持および回復はどのようになされるべきか？　最後に〈脆弱性〉を基本的なあり方として前提とした人間の日常性の維持と回復という問題を，〈共同的投企〉としての実践という観点から検討する。

1　超越の哲学と倫理学

　伝統的倫理学（とりわけヨーロッパ思想）において，人間の脆弱性はどのように理解されてきたのか。道徳思想の大原則が〈よく生きること〉および理性的な〈考える主体〉であることは広く知られている。それはプラトンの〈善のイデア〉の追求に見られるような，彼岸の世界への志向であり，さらにアリストテレスをはじめとして，ジョン・スチュアート・ミルおよびカントらの一連の合理主義者に受け継がれるような，身体的欲求や情念の支配からの離脱の志向である。そしてそこには身体に対する精神の優越性と感覚的なものに対する理性的なものの優越性が暗黙のうちに前提とされており，私たちの〈よき生〉は，これら〈下位〉に位置づけられるものの超克によってこそ成り立つと考えられてきた。近代以降，こうした〈よき生〉のモデルは，純粋な思考の領域に留まらず，国民国家を基礎とする〈市民〉としての私たちの公的な生の領域を支配するようになる。トマス・ホッブズは利己愛に基づいた善悪の判断が〈戦争状態〉への端緒となることを警告して，自己防衛の手段としての権利の放棄を主張し，さらにジョン・ロックは，道徳的判断に，私たちの諸行為が合法であるか否かという判断基準を導入した。これらの思想は「〈公的人間〉としてあるべき姿」——法の遵守，国家権力への従属と依存——を基礎とするものである

が，これに対置されているのが，人間存在の私的な領域および身体的，感情的な領域である。そしてここで重要なことは，これらは反対領域を表す単なる〈対概念〉として理解されているのみならず，前者は人間が理想的な人間像を実現するための重要な契機として位置づけられているのに対して，後者は人間がその脆弱性を露呈し，理想的な生の実現を妨げる要因として理解されている点である。例えばデカルトの『省察』の主要なテーマは，思惟するという人間の働きの持つ絶対的な確実性であったことが，それを表していると言えよう。デカルトにおいて精神が疑いえない確実性の根拠として位置づけられるに対して，感覚や身体に由来するものが，誤謬の源と見なされていたことがその典型である。すなわち，私たちの〈自己意識〉は人間存在を裏づける確固たるもの——コギト——に関わるのに対して，私たちの身体に由来する感覚や感情は，〈真理〉とは区別される不確実な領域へと追いやられてきたのである。[4]

　ところでこうした理想的な生（および真理）の追求と表裏一体をなしているのが，実存主義的投企に代表されるような，物質的諸条件および自己の身体性の乗り越えである。人間存在の意味と価値は，自己のあるべき姿に向かって，現在の自己のあり方から自分自身を引き離すこと——すなわち対自——として，存在することにあるというのが，ここでの重要な主張である。人間の企ての価値は，私たちが現在身を置いている状態をいかに脱出できるか，あるいはそれを克服できるかにかかっている。では，〈現在の自己〉を乗り越えることは，道徳的にいかなる意味といかなる問題を提示するのか。ここで問題にしなければならないのは，この哲学的文脈において捉えられた〈超越〉が，私たちの目指す倫理学において，どのように理解されるべきかと言うことである。

2　超越的価値と生命

　ここで2つの問題点を提示する。第1点は，人間の〈本来性 authenticité〉とは何かという問いである。現在の自己の乗り越えを前提とする実存哲学にお

---

4)　René Descartes, *Méditationes de prima philosophia: méditations métaphysiques*, Paris: J. Vrin, 1978.（ルネ・デカルト『省察』山田弘明訳，ちくま学芸文庫，2006 年参照）

いては，人間のあるべき姿は超越の概念と不可分であった。言い換えれば，そ
れは実存主義的〈不安〉や〈可能性〉の概念と結びついた現状の否定である。す
でにサルトルを中心とする実存主義思想においては，人間が理想に向かって自
己を投げ出していくこと——すなわち，実存主義的投企——に人間のあるべき
姿を見出し，私たちがこの自己の存在の〈外部〉に対して目を背けることは，
「自己欺瞞（mauvaise foi）」として告発された。人間は常に自己の理想とすると
ころに向かって，おのれを超越していく存在であり，この人間のあり方に目を
背けることは，人間が本来のあり方を放棄していることにつながる。こうした
超越の概念に基礎を置く人間理解は人間が自己自身を欠如的存在として措定し，
価値的存在としての〈あるべき自己〉へと自分自身を投げ出していくことを意
味している。水野浩二も指摘するように，主体性至上主義の道徳が唱えるもの
は，「運命に打ち克つよりも自己自身に打ち克つ」ことを要求する「ストア主
義的」立場である。すなわち，私たちが一定の欲望や困難に打ち克とうとする
場合，そこに必要とされるものは，この時には苦難を伴う企てを正当化し，そ
れに上位の価値を見出すような，別の価値体系である。それはたとえそこで私
たちの生命が犠牲となろうとも，生命を超越するようなより高い価値を目指す
ことであり，人間の自由を保証するものであると考えられていた。国家やイデ
オロギーのために自己の生命を投げ出すことや，あるいはそのために他人の生
命を奪うことを正当化するものは，こうした「上位の価値」として位置づけら
れた理想に向かっての自己超克である。

　ここでこの問題を考えるにあたって，日本で起こったある事件を取り上げた
いと思う。2017 年 7 月 26 日に相模原市の障碍者施設で起こった殺傷事件であ
る。1 人の若者が相模原市の障碍者施設に押し入り，19 人の人命を奪った。そ

5）　水野浩二はこうした倫理的態度を「単独の人間が自己のより高い尊厳を求めて生きるこ
　　と」を第 1 原理とする道徳主義であるとして，これを本来性の概念と対置している。水野
　　浩二『サルトルの倫理思想——本来的人間から全体的人間へ——』法政大学出版局，2004
　　年，14-15 頁。
6）　同上，33-34 頁。
7）　水野はこうした「観念的自由」を基礎づけているものが，人間の「自尊心（orgueil）」
　　であると指摘する。同上，33-34 頁。

の若者は国会議事堂に手紙を送り，人命の選別について訴えていた。この事件は，彼がたった1人で，ナイフを凶器にして多くの人の命を奪ったということで，世の中に衝撃を与えたが，それ以上に問題となったのは，彼がそれを「人類のために」行ったと述べていたことである。彼の陳述はこの残虐な犯行について私たちが考える際に，大きな議論を呼んだ。日本の作家である辺見庸は，この問題の核心を『京都新聞』に寄稿した記事において，以下のように問いかける。「誰が誰をなぜ殺したのか？」。そして彼は次のように言う。「正義と善意と憎悪と"異物"浄化の欲動が，民主的で平和的な意匠をこらし，世界中で錯綜し，痙攣している[8]」。

　辺見が主張するのは，人間を一定の能力や資質を備えているか否かによって選別し，「生きるに値する存在」とそうでない存在とに二分するような価値観を，現代社会においても私たちが克服しきれていないという点である。彼はこう続ける。

　「たぶん，勘違いだったのだろう。自他が生きるに値するかどうか，という議論と苦悩には，これまでおびただしい代償を支払い，とうに決着がついて，もう卒業したと思っていたのは。それは決着せず，われわれはまだ卒業もしていなかったのである[9]」。

　人間にとって，果たしてその脆弱性と不完全性は忌むべきもの，乗り越えられるべきものであるか。逆に人間存在をその傷つきやすさと脆弱性から理解するとどうなるか。シモーヌ・ド・ボーヴォワールは『第二の性』において，人間が国家やイデオロギーという〈上位の〉価値に位置づけられたものに向かって生命を投げ出したり，他人の生命を奪う行為を，〈男性的〉な価値区分に属する「殺す性」として記述する。従来の私たちの価値観において，たとえ，時には暗黙のうちにであっても，死の恐怖と戦い，自らに課せられた過酷な状況を上位の価値に向かって乗り越えることこそが，「尊い」生とされてきたのである。彼女は次のように述べる。

　「戦士は自分の属している遊牧部族や氏族の威信を高めるために，自分の生

---

8)　辺見庸「誰が誰をなぜ殺したのか」（『京都新聞』2016年8月16日）。
9)　同上。

命を賭ける。そうすることによって，人間の最高の価値は生命ではないこと，生命は生命そのものよりもっと重要な目的のために役立てなければならないことを見事に証明するのだ」[10]。

「人間が動物を凌駕するのは，生命をもたらすからではなく，自分の生命を危険にさらすからである。人類においては，産む性ではなく，殺す性に優越が与えられているのはそのせいである」[11]。

ボーヴォワールがここで告発するのは，「単なる反復」ではなく，生命を超越することで確保される「生命の反復」を重視する価値観である。こうした価値観が従来の道徳思想において多大な影響を及ぼしてきたことは言うまでもない。それは「世界の様相をつくりかえ，新しい道具を作り出し，発明し，未来を築く」ことによって初めて意味と価値を有するものである[12]。ただし私たちは，こうした価値区分が単にジェンダーの問題として取り上げられているのみならず，一定の能力や資質を備えた存在とそうでないものという二分法とその序列化を含意していることに注目しなければならない。彼女は以下のように指摘する。

「女に対して男が自分を主人と定めたのは，人類が自分の存在のあり方を問題にするから，つまり生命よりも生きる理由の方を選ぶからなのである」[13]。

では人間存在にとって，その〈本来的〉なあり方とはどのように理解されるべきか。この問いに対して，本来性の概念は私たちに，私たちの置かれた状況を直視させ，それを「生き抜く」ことを要求するものであると答えることができよう[14]。そして水野はこれを実存主義道徳が提示する第2の局面であることを指摘する[15]。ただし問題はこれで終わりではない。「自己欺瞞的態度を脱し，自

---

10) Beauvoir, *op. cit.*, p. 113.（137頁）

11) *Ibid.*

12) *Ibid.*, pp. 113-114.（138頁）

13) *Ibid.*, p. 115.（140頁）

14) 水野はこの問いに対して，サルトルの次のような言葉を引用する。「本来性とは，言うまでもなく，状況を明晰かつ正当に自覚し，その状況が内包する責任と危険を引き受け，誇りをもって，あるいは恥辱のなかで，ときには恐怖や憎しみによって，その状況の権利を主張することである」（水野，前掲書，17頁）。

15) 同上，17-18頁。

己を選択することによって世界を引き受けること」を人間の〈本来性〉として理解するこの立場こそが問題にされなければならない。〈自己欺瞞〉とは，乗り越えられるべき人間の状態であり，それが告発するのは，孤独を前にした自己の責任と選択を回避しようとする態度だからである。

　そこでもう１つの問題が明らかになる。〈状況の引き受け〉という問題である。先に見た実存主義道徳の第２の局面は，私たちが過酷な状況から目を背けることを〈欺瞞〉として告発し，それに対して一定の決意を持って〈生き抜く〉ことを要求した。ここで再検討しなければならないのは，決意を持って困難な状況を自ら引き受けるというこの道徳的態度が，〈自立的主体〉としての人間のモデルとして，それを暗に上位の価値としている点である。しかし，もしケアの倫理学の出発点を，人間の〈脆弱性〉およびそうした状態へと陥る危機を人間が常に孕んでいるという事態についての認識と深く関わっているとすれば，こうした視点は当然再考されるべきであろう。次に人間の投企をこのような〈脆弱性〉という観点から考察する。

3　投企と身体——内在の領域としての実践

　では人間存在の基本的なあり方を，精神・身体的な脆弱性および危うさとして理解すると，人間の投企はどのように考えることができるのだろうか。ここで再度，ボーヴォワールが男女の価値区分として取り上げる「女性の領域——生命と内在の世界」に着目しよう。[16]この生命と内在の領域が意味することはいくつか考えられるが，ここで重要な点は，人間が自己の身体性により強く結びつけられているということ，そしてこの身体性が，日常生活の維持を担う領域と深く関わっている点である。ボーヴォワールはこうした内在の領域が女性の領域とされた理由を，エンゲルスを引用して説明する。そしてとりわけ，私有財産制度と奴隷の出現により，女性がいくばくか担ってきた生産労働の領域から女性が排除され，その労働が家庭内（＝家事）に限定されたことが，超越の領

---

16)　Beauvoir, *op. cit.*, p. 115.（139 頁）

域と内在の領域との序列化の原因となっていることを指摘している[17]。さらにこの「分業」は，家庭内での男性優位を保証する根拠ともなっている。

　「奴隷と土地の主人となった男は，女も所有する。これこそが〈女性の歴史的大敗北〉であるというのだ。この敗北は，新しい道具の発明の結果，男女の分業に急激な変動が生じたことによって説明される[18]」。

　こうした「分業」の概念と女性を「内在」の領域に囲い込むことは，女性の身体性に由来するものであるが，ボーヴワールは，この場合の身体性を「第二の自然，すなわち慣習」としてそれが定着していくことを指摘する。そしてこの「第二の自然」として，私たちの不安や欲求は私たちの「存在論的態度」として反映されるのであり，「タブーや掟に縛られた身体」として，自己の身体を認識する[19]。したがって，内在の領域における私たちの生の現れは，人間存在における〈自律的主体〉という定義とは異なる側面を表すものであり，それは人間の脆弱性の認識と重なるものである。

　先に述べたように，超越による自己超克は〈否定〉の働きによる現状の乗り越えである。これに対して内在的生の領域における状況の引き受けは，身体に拘束された存在としての自己と外的世界との関係における様々な抑圧や物的欠乏およびそれらに由来する脆弱性の認識を基礎に置く。ではこうした脆弱性の認識はどのように可能となるのか。ここで，後期サルトル思想において展開される「実践（praxis）」と「欲求（besoin）」の概念が，手がかりとなろう。サルトルは彼の後期の著作『弁証法的理性批判』において，物質的世界に組み込まれた「人間的有機体」としての投企を「実践」として位置づける。それは人間存在が「物質性としての環境・状況[20]」を外的世界との関係において再内面化し，欲求から生まれた「それ自身の目的に向かう運動」によって，環境を「生きた全体性へと変える」働きである。この場合の人間とは純粋意識としての主体ではない。環境としての世界の物質性と自己の身体性から出発し，これを克服し

17)　*Ibid.*, p. 115.（119-120 頁）
18)　*Ibid.*, p. 115.（120 頁）
19)　*Ibid.*, p. 76.（92 頁）
20)　水野，前掲書，132 頁。

ようとする存在である。そしてここで問題とされている「実践」の究極的な目的が「生命を救う」ことであることに注目しなければならない。[21]「人間の実践は〈生命を救う〉という乗り越えがたい目的を持っている。言い換えれば、実践とは本源的に有機体が無機的な環境を通じて自分自身との間に築く関係であり、目的が達成されるとこの関係は消失する[22]」。

　よって、この倫理学は、先にボーヴォワールが批判したように、生命の犠牲の上に崇高な理念の実現を目指すものではない。それは人間が自己の身体性に起因する脆弱性と過酷な状況を、外的世界との関係において全体的に捉える働きを意味していると考えられるのである。

4　共同的個人としての実践──ケアの倫理学

　最後に実践の問題をケアの倫理学という視点から考察する。前節で述べたように、超越に基礎を置く倫理思想の転換点として注目すべきことは、私たちの生命の維持とその保護を究極目的とする倫理学の構築であった。こうした立場と私たちが研究の対象とする「ケアの倫理学」とどのように関係するのかについて、その展望を述べたい。

　第1に、私たちが抱く欲求や恐怖こそが、私たちの同胞性（fraternité）の源になっているという視点に注目すべきであろう。サルトルは『弁証法的理性批判』において、こうした問題を「集列性（sérialité）」を形成する「共同的個人」のあり方のうちに見出している。この集列性とは人間が日常生活において行う様々な行動において、きわめて希薄な状態であった、私たちの集団意識が物質的欠乏および欲求を通じて、他者の投企を自己の投企として再内面化するという過程を経て、より強固なものとされていくという事態である。その場合人間の行動とは、自由な主体の企てである以前に、私たちが外的世界に拘束されていること、何らかの障壁を抱えながら生きることと深く関わっている。実践はこうした人間が行う状況の克服の手立てではあるが、それは意識のあり方

---

21)　同上、130頁。
22)　Sartre, *Critique de la raison dialectique* II, pp. 394-395.

に基づいた，〈自由な主体〉とは異なる地平にある。言い換えればそれは，この実践を通じて，他者の投企のうちに自己の投企を全体化して捉える働きを意味している。例えば搾取された状態にある労働者は，自分と同じように搾取され抑圧された状態にある他者の欲求を通じて，自己を客観化し，環境的世界の中で自己の投企のあり方を決定する。水野も指摘するように，この「欲求」は倫理的なものの根源であり，抽象的な理念に基づくものではない。むしろ私たちが「それをしなければ死んでしまう」という切迫した状態を含むものである。食糧難において食糧を調達すること，精神的ストレスにおいてこの抑圧状態から回復を望むことなどは，すべて私たちが自己の来るべき未来としての最悪の状態を回避することへの欲求を意味するのである。[23]

　ここで私はこうした「欲求」に基礎を置く人間の投企と全体化の働きが，ケアの倫理学を考察する上で有効ではないかという視点を提示したいと思う。その理由は，それが人間的生の維持を究極の目標としながらも，様々な物的・社会的環境との関係において個人の中で再内面化された人間の投企のあり方を反映するものだからである。水野はこの「欲求」の倫理学を，これまでの「孤独のなかで自己を選択するモラル」から「社会や歴史のなかで自分たちを選択するモラル」への転換として位置づけている。[24]ここで重要なことは，「欲求」に基づく投企は，私たちが日常的生の維持を目標と掲げることと同時に，社会的次元での「私たち」の生を問題にする行為として捉えられるからである。そしてそれはピーター・ディアーズ (Peter Diers) らが，フェミニズム的視点から同胞性の問題を論じている視点においても見出される。[25]すなわち，自らを社会的制度の中で自由を疎外され，社会的役割を担わされた「惰性態 (inertia)」として，存在することの認識こそが，同胞性の根拠として考えられるということである。

　最後に2点目として，ここで人間の投企と「責任」という問題があらためて

---

23)　同上，140頁。
24)　同上，44頁。
25)　Peter Diers, "Insights from *Critique of Dialectical Reason*", *Feminist Interpretations of Jean-Paul Sartre*, edited by Julien S. Murphy, Philadelphia, Pennsylvania: The Pennsylvania State University Press, 1999, p. 263.

問われなければならないということを指摘したい。実存主義的投企において，個人の選択と責任が問題とされたが，ここで私たちが見たケアの倫理学の視点は，この選択の問題を「共同的個人」の企てとして理解することを要求する。そしてそこにおいては，責任の概念は新たな意味を帯びてくる。超越に基礎を置く倫理学からの転換が教えるものは，私たちの生の維持に対する，私たちが担う責任と言い換えることができる。それは理念的で理想的な生の実現を意味するものではない。それは人間が疾病や社会的抑圧や物的欠乏を含むあらゆる困難な状況を克服して，日常的生活を取り戻す究極の目標であると言えるであろう。もしそうであるならば，トロントらが指摘するように，私たちはここで道徳的領域から出発した社会・政治的制度のあり方として，ケアの問題を考察する必要があるだろう。しかしながらそれは，決してケアの倫理学の哲学的考察の終わりを示すものではない。むしろその逆なのである。

注意から表現へ

傷つきやすさと文学

落合　　芳

　視覚文化における知覚と注意についての網羅的な研究で知られるジョナサン・クレーリーは『知覚の宙吊り』(1999年)で，注意と知覚の問題は19世紀末には高い論争性を持っていたが[1]，20世紀になると，「様々な立場の哲学や心理学によって適切で意味があるものとみなされなくなった」と述べている[2]。さら

Maurice Merleau-Ponty の引用は以下の略号をもって行う。

　La structure du comportement, Paris: PUF, 1942. (SC) /*Phénoménologie de la perception*, Paris: Gallimard, 1945. (PhP) /*Sens et Non-sens*, (1948), Paris: Gallimard, 1996. (SN) /*Signes*, Paris: Gallimard, 1960. (S) /*L'Œil et l'Esprit*, Paris: Gallimard, 1964. (OE) /*Résumé de cours, Collège de France 1952-1960*, Paris: Gallimard, 1968. (RC) /*La prose du monde*, Paris: Gallimard, 1969. (PM) /*Parcours 1935-1951*, Lagrasse: Verdier, 1998. (P) /*Parcours deux 1951-1961*, Lagrasse: Verdier, 2000. (PII) /*Causeries 1948*, Paris: Seuil, 2002. (C) /*L'institution la passivité, Notes de cours au Collège de France (1954-55)*, Paris: Belin, 2003. (IP).

1)　Jonathan Crary, *Suspensions of Perception: Attention, Spectacle, and Modern Culture*, Cambridge: MIT Press, 1999, p. 282. (ジョナサン・クレーリー『知覚の宙吊り――注意，スペクタクル，近代文化――』岡田温司監訳，石谷治寛・大木美智子・橋本梓訳，平凡社，2005年，264頁)

2)　*Ibid.*, p. 33, note 59. (同書，366頁，註59) メルロ=ポンティは，『知覚の現象学』で注意を知覚の次元の最も低い場所に置いていた。彼はその注意の概念の形成過程で，心理学者と併せて知覚の働きに着目するアランとラニョーにたびたび言及する。彼は幻覚についての考察では，アランの主知主義の反省的分析に厳しい批判を加えながらも，そこに心理学者たちが「アランとほぼ同じ言葉の意味で，現象と構成された客観的世界とを峻別すること」(PhP 57) を見て取り，別の主知主義批判では，そこに「アランのためらい」(PhP 387, note 1) を読み取りさえする。このように，メルロ=ポンティ哲学における注意の扱いには歯切れの悪さが残るため再検討の余地がある。

に彼はそこで，メルロ＝ポンティの『知覚の現象学』において，注意が低い位置づけにあることを指摘している。しかもクレーリーがこの著作で最も主題的に扱っているのがセザンヌであり，彼は，セザンヌの作品に関する有力な解釈の多くが20世紀の現象学と関連づけられてきたことを指摘した上で，セザンヌ後期作品を哲学，科学的心理学，初期映画，芸術理論，神経学の成果を基に究明する。そこで彼は，ヘルムホルツ，ケーラー，エーレンフェルスといった，メルロ＝ポンティが『行動の構造』の頃から参照していた心理学者だけでなく，ベルクソンやフッサールなどの様々な哲学者を援用しながら，セザンヌの絵画を注意概念に沿って読み解いていく。

　この試みは，知覚における注意に焦点を当てることによって，言わば，メルロ＝ポンティ絵画論をより緻密に再構成しようとするものであると言える。こうしたクレーリーの議論から，メルロ＝ポンティの表現論を再考するならば，どのような展望を開くことができるだろうか。

　以下においては，まず，メルロ＝ポンティの表現論の中でも特にスタイル論をクレーリーのセザンヌ解釈によって補足することで，メルロ＝ポンティがなしえなかった文学における知覚と表現の問題を検討する可能性を開く。次に，セザンヌをはじめとする画家やプルーストのような作家が製作時に直面する神経衰弱を手がかりとし，芸術家が傷つきやすい状態に降りていくことと表現を手に入れることの意義について整理する。最後に，ブランショやエスポジトによって発展的に検討されたシモーヌ・ヴェイユにおける非人称の問題を手がかりに，表現の現場における注意と傷つきやすさの関係を明らかにする。

1　メルロ＝ポンティと絵画／文学における知覚

　メルロ＝ポンティは最初の著書『行動の構造』と『知覚の現象学』を出版した後，新たな研究を目指し，表現，とりわけ言語の概念の再構築によってその立場を乗り越えようとした。

　コレージュ・ドゥ・フランスの教授立候補の際に執筆された報告書で，彼は[3)] 1945年以降に新たな研究を始めたこと，それにより初期の研究の哲学的意義

が決定的に確定されるだろうこと，逆に新たな研究に対して初期の研究がその道筋を規定するだろうと予告している（Cf. PII 41）。しかし，彼はその著述にいく度となく取り組んだものの，それは未完のまま放置されることになる。

　しかし，メルロ＝ポンティが考えようとしていたことの萌芽は，その初期からの文学や絵画への言及の中に垣間見ることができる。例えば，クロード・ルフォールによると，メルロ＝ポンティは1947年に出版されたサルトルのエッセイ『文学とは何か』に深い感銘を受け，「私も一種の『文学とは何か』を書かなければならない。〔……〕モンテーニュ，スタンダール，プルースト，ブルトン，アルトーといった5人の文学的知覚（*perceptions littéraires*）〔強調引用者〕についての部分を付け加えて」（PM vii）とその評釈の末尾に書きつけていた。ここで挙げられている作家のスタイルに共通性があるわけではなく，それについてのまとまった論考をメルロ＝ポンティが残しているわけでもないが，このような文学的表現への関心は，晩年まで一貫している以上，彼が構想していた表現論と無関係ではないのではないか。

　さらに『知覚の現象学』で最も引用される箇所の1つ，序文の末尾でも，メルロ＝ポンティは，バルザック，プルースト，ヴァレリー，セザンヌの作品のように「現象学とは骨の折れるものである」（PhP xvi）と述べていた。ここには作家ばかりでなく，画家が含まれる。このようにメルロ＝ポンティが文学と絵画を比較するのは，これらの異なったジャンルを「創造的な表現というカテゴリー」（S 59）という枠組みで捉えることにより，「同一の試みの2つの形として」（*ibid.*）認識できると考えるアンドレ・マルローの影響による。それにより，メルロ＝ポンティは「言語を〈地〉にして絵画を考察し，絵画を〈地〉にして言語を考察することができる」（PM 67）と考え，「絵は絵なのであって言葉ではないという理由で，画家の探求に含まれている方法的なものを無視するようなことがあってはならない」（PM 86）と述べる。

　3）　« Un inédit de Merleau-Ponty », *Revue de Métaphysique et de Morale*, no. 4, 1962, dans PII.「メルロ＝ポンティの一未公開文書」メルロ＝ポンティ『言語と自然』滝浦静雄・木田元訳，みすず書房，1979年所収。メルロ＝ポンティ『知覚の哲学——ラジオ講演1948年——』菅野盾樹訳，ちくま学芸文庫，2011年，34-35頁参照。

絵画論は後期メルロ＝ポンティ哲学に分類されがちだが，『知覚の現象学』が出版された1945年に先立つ数年前にはすでに「セザンヌの懐疑」は書き上げられていたのであり，その最初のバージョンはおそらく1940年代初めに書かれたと言われている。そこでは同じレベルで扱われているとは言えないにせよ，セザンヌの絵画とゲシュタルト心理学の比較（rapprochement）はすでに行われていた。[4]　また，1947-48年のリヨン大学での彼の講義「言語と伝達」でもすでに絵画は扱われていた。このように『行動の構造』以来，絵画もメルロ＝ポンティの関心の中心にあったのである。

2　メルロ＝ポンティ後期絵画論の緻密化としてのクレーリー

クレーリーは『観察者の系譜』（1990年）で注意力の問題が19世紀後期の科学的心理学，ことにヴントの仕事の中で中心的な課題だったことに触れ，注意概念の変遷を概観する。[5]　続く『知覚の宙吊り』では，神経生理学やゲシュタルト心理学や反射弓について詳細に検討している[6]だけでなく，『行動の構造』の反射の章でメルロ＝ポンティが「しぶしぶ評価していた」[7]とするシェリントン（SC 24-32）や錯視についても検討する。また，セザンヌの製作に関しては，「みずからを鋭敏で生産的な新種の器官へとつくりかえようとしていた」[8]と述べており，この箇所は，『世界の散文』でメルロ＝ポンティが画家の表現とは「すでに言わば新しい器官を授けられる」（PM 81）ことであると述べていたのを念頭に置いていると思われる。これらの点でも，クレーリーはメルロ＝ポン

---

4)　Emmanuel de Saint Aubert, *Du lien des êtres aux éléments de l' être*, Paris: Vrin, 2004, p. 213.

5)　Jonathan Crary, *Techniques of the Observer: on Vision and Modernity in the Nine-teenth Century*, Cambridge: MIT Press, 1990, p. 130, p. 253, note 46.（ジョナサン・クレーリー『観察者の系譜——視覚空間の変容とモダニティ——』遠藤知巳訳，十月社，1997年，130頁，257頁）。Jonathan Crary, "Spectacle, Attention, and Counter-memory", *October*, vol. 50, Cambridge: MIT Press, Fall 1989, pp. 97-107.

6)　Crary, *Suspensions of Perception*, p. 311.（クレーリー『知覚の宙吊り』293頁）

7)　*Ibid.*, p. 349, note 153.（同書，511頁）

8)　*Ibid.*, p. 354.（同書，334頁）

ティが当初計画していた表現論の方向性を忠実に引き継ごうとしていると言える。

『知覚の宙吊り』第4章の冒頭で，クレーリーは，美術史家メイヤー・シャピロがセザンヌの作品を「厳粛な注意の芸術」と呼び，製作する時の彼の注意を「知覚の宙吊り状態」として捉えたことに着目する。実際セザンヌは，知覚経験に対する特異な感受性や観察力を持ち，身体とその脈動や時間性，そしてそのような身体が世界と交錯する様子に注意を向けていた。それは「認識可能な世界への足場を揺るがすような不整合な外部世界」に対する取り組みだった。ゲシュタルト心理学以降の知覚における注意についての研究成果を含めていることから，この章はメルロ＝ポンティがその知覚の哲学における重要性を見落としていた注意を軸に再構成されていることが分かる。

では，クレーリーはどのようにメルロ＝ポンティの試みを補っているのか。それを確認してみよう。クレーリーはセザンヌの語彙がきわめて不十分だとした上で，「没入と同時に不在や遅延でもありうる知覚」に基づいて，光学的分析に収まらない注意について検討する。クレーリーが理解する限りでの初期のフッサールによれば，注意が属しているのは，「非人称的で，前個体的，超越論的な領域」であり，その領域が「いかなる経験的な事象や時空間上の事象にも縛られていないという可能性である」。

セザンヌの創造的な発見とは，「いかに1つのものを熱心に見ても，そのような凝視は，ものの現前，ものの豊かな無媒介性を完全には把握することにつながらなかった」ことである。つまり，それは，凝視しても認識可能な形態として見ることはできず視覚が崩壊してしまうという，「注意のパラドクス」である。このような見えと凝視の関係に見られるような両義性の閾における注意の働きこそが，後期メルロ＝ポンティの絵画論理解のための糸口を与えてくれ

---

9) *Ibid.*, p. 281.（同書，263頁）

10) *Ibid.*, pp. 287-289.（同書，270-272頁）

11) *Ibid.*, p. 10.（同書，20頁）

12) *Ibid.*, p. 285.（同書，268頁）

13) *Ibid.*, p. 288.（同書，271頁）

14) *Ibid.*（同上）

る。ガスケの証言によると，セザンヌが製作時に生成を止めることなく表現を定着させることに腐心した時に，無我の境地にいた。[15]クレーリーはこの点について，セザンヌの書簡によって補足し，彼が「不定詞の身体的な無時間的現在」[16]にいたことを示す。

　しかしながら，クレーリーは視覚文化を軸に注意と知覚について論じているため，文学と表現の問題にはあまり立ち入らない。そのため，次節では，メルロ＝ポンティの方法に従って，絵画と文学を類比的に扱うことで，表現の現場で注意の置かれている状況を確認しよう。ここで注目すべきことは，表現の現場で神経衰弱のような現象がしばしば見られることである。例えばセザンヌがそうであった。

3　神経衰弱から表現へ——傷つきやすさに降りていくこと，そこから浮かび上がること

　表現の現場での注意とはどのようなものか。セザンヌは67歳の時（1906年），エミール・ベルナール宛ての手紙で，「頭の状態がめちゃめちゃです。まったくひどい状態で，私の貧弱な理性など擦り切れてしまうんじゃないかと一瞬心配になったほどです」（RC 13）と告白していた。そしてメルロ＝ポンティは，このような神経衰弱，ないし精神的に不安定な状態に関心を持っていた。例えば，1952-3年の「言語の文学的用法の研究」では，ヴァレリーの1900年から1910年までの覚書から，彼が言語に対する不信により困憊し切っていた長い期間があったこと（RC 24），スタンダールの1804年と1805年の『日記』から，その修行時代に「感じる」と同時に「知覚する」ことができないことについて，深刻な苦難があったこと（RC 28）について述べている。同様のことについては，プルーストやカフカをはじめ多くの作家の証言がある。

　プルーストの神経症の例だけでなく，『失われた時を求めて』の中でも，プ

---

15)　Joachim Gasquet, *Joachim Gasquet's Cézanne: A Memoir with Conversations*, trans. Christopher Pemberton, London: Thames and Hudson, 1991., pp. 153-154. Crary, *Suspensions of Perception*, p. 342, note 136.（クレーリー『知覚の宙吊り』507頁，註136）。

16)　Crary, *Suspensions of Perception*, p. 353.（同書，332頁）

ルーストは書けないことについて，書き始めるに至るまでのいきさつを自己言及的に書き続けていたし，その草稿研究からは，作品とならなかった膨大な原稿の存在が確認される。このように作品とならなかった表現は，セザンヌの「100回の無駄に終わったタッチ，150回の無駄に終わったポーズ」(SN 13) と同列に扱われる。このように表現を手に入れるプロセスこそが，「常に端緒へと立ち返る」(PhP xvi) 現象学の姿勢そのものだと言える。他人から見ると画家の製作は「神のように」(PM 94) 完璧に見えていたとしても，実際のところ，彼は「様々の事物が彼の目の前で取り直すゲシュタルトの中に，これまでついに十分な応答のできなかったその同じ呼びかけ，同じ促しを見る」(*ibid.*)。

　これに関連して，ブランショのカフカ論では，カフカが1914年の日記で述べていた自己の表現能力への絶えざる疑念や不確実さとそれらの克服をめぐる記述が限界での試練として扱われており，「カフカは書けば書くほど，書くことに自信を失っていった[17]」とブランショは要約している。メルロ＝ポンティはこの言葉を引用していないが，制度化についての講義で，カフカにおける同様の事態に触れて，既成の表現には頼らず絶えず新しい独自の表現を模索するというニュアンスを込めて，「カフカ的意味での『探究』」(IP 53, 124) と呼んでいた。

　メルロ＝ポンティは，クレーが「〈画家〉と〈見えるもの〉との間で，不可避的に役割が転倒する」(OE 31) と言っていたことに触れた後，画家アンドレ・マルシャンの次のような体験も引き合いに出している。マルシャンが森の中にいる時，森の中で樹がマルシャンを見つけ，彼に語り掛けているように彼は感じたという体験である。つまり，表現の現場ではこのような主客逆転現象が起こるのであり，「画家の視覚が絶えざる誕生である」(OE 32) ばかりでなく，その逆転現象が芸術家を脅かすこともある。このような事例に共通しているのは，言わば感覚を鋭敏にし，傷つきやすさに開かれるような状態に降りていくことなのではないだろうか。

　さらに注目すべきことは，マルシャンがジョルジュ・シャルボニエとの対話

---

17)　Maurice Blanchot, *De Kafka à Kafka*, Paris: Gallimard, 1981, p. 107.（モーリス・ブランショ『カフカからカフカへ』山邑久仁子訳，書肆心水，2013年，117頁）

で次のように語っていたことである。「私は内から沈められ，すっぽり埋没されるのを待つのだ。おそらく私は，浮かび上がろうとして描くわけなのだろう」(OE 31)[18]。この中で，「浮かび上がる (surgir)」という言葉が手がかりとなる。このような画家の探求においては，「表現を手に入れた後は，彼は自分が今までとは違った領野を開き，自分が以前に表現しえた一切を，今では違ったふうに言い直さなければならなくなったことに気づく」(OE 89)。このように，一旦傷つきやすさに降りてゆき，浮かび上がることが，画家や作家が表現を獲得するためにしばしば経験するプロセスなのである。

　メルロ＝ポンティの表現論において留意すべき点は，「私たちの身体のあらゆる使用は，すでに原初的表現 (expression primodiale) である」(PM 110) とし，知覚はすでに表現として扱われる点である。つまり，それは1次的な表現である。絵画や詩などは文字通りの表現である上に，知覚にその源泉を持っている。したがって，詩，絵画，音楽などの〈表現〉は，自乗された表現，表現の表現に他ならない[19]。

　この点に関して，メルロ＝ポンティはプルーストの「見出された時」第3章での記述を引用しながら，いかに彼は作家になったかを語ろうとし，この作品の誕生を語ることによって，この作品を作り上げたという，作家における表現の逆説を示している (Cf. RC 41)。セザンヌが行っていたことと同様に，新しい表現を探求することは，既成の表現を用いるのではなく，独自の物との接触を，生成を止めることなく表現するものでなければならない (Cf. PM 156)。つまり時間的に見ると，作家の誕生は必ず後にあり，作品が成功すれば，それは己自身を教えるという奇妙な力を獲得する (SN 25)。しかも，作家自身がのちに自分の考えを忘れてしまった時でも，再びそれを思い起こさせてくれさえもする (Cf. PM 11)。

　当初，メルロ＝ポンティは，私たちの所作や表現や言語活動をなす「能動的身体が，世界へ向き合ってそれを意味化する」(PII 42) と考えていたが，この

---

18)　G. Charbonnier, *Le Monologue du peintre*, Paris: Julliard, 1959, pp. 143-145.

19)　菅野盾樹の指摘による。メルロ＝ポンティ『知覚の哲学――ラジオ講演1948年――』202頁参照。

問題は表現の領域における受動的身体についての考察によって掘り下げられた。もっとも、『知覚の現象学』はすでに、視覚が「1つの脱自（extase）によってのみ内面的に整えられる1つの作業」(PhP 432) によって「ある種の両義性と曖昧さの中で自分を捉えること」(*Ibid.*) を本質的なことだとしていた。ひとまず、私たちはここでクレーリーが『知覚の宙吊り』で凝視について述べていた通り、主体による対象措定能力の弱まりは、注意の低下とは一致せず、むしろ非人称的な注意の充溢を引き起こすことを見ることができる[20]。とはいえ、フランソワ＝ダヴィッド・セバによるレヴィナスの非人称との比較に従えば、メルロ＝ポンティにおいてはレヴィナスほどには個体性は軽視されていない[21]。そのため、結局のところ、メルロ＝ポンティ哲学の枠内に留まれば、いかに「自己から離れること」(PhP 487) が強調されようとも、個体性が残るため、非人称の問題を十全には扱うことはできない。

4　非人称── 労働としての表現活動と注意

　非人称の問題については、ロベルト・エスポジトが詳しく論じているので、それを参考にしながらこれまでの議論とつなげてみよう。エスポジトによると、シモーヌ・ヴェイユは1930年代にいちはやく非人称の問題に目を向けていた[22]。

---

20)　なお、これに関連して、加賀野井秀一は、メルロ＝ポンティ自身の言語活動の象徴的な姿として、のちにブランショが、ヘーゲルやマラルメから流入し一種の絶対性を獲得するような「中性的なもの (le neutre)」の思想を提示したことに触れていた (Maurice Blanchot, « René Char et la pensée du neutre », in *L'Entretien infini*, Pais: Gallimard, 1969. pp. 439-450. 加賀野井秀一『メルロ＝ポンティと言語』世界書院、1988年、50頁参照)。ただし、ロベルト・エスポジトはレヴィナスがヴェイユから引き継いだ非人称の問題を「中性的なもの」によって先鋭化したのがブランショであると考えていた (ロベルト・エスポジト『三人称の哲学──生の政治と非人称の思想──』岡田温司監訳、佐藤真理恵・長友文史・武田宙也訳、講談社選書メチエ、2011年、200頁)。

21)　Cf. François-David Sebbah, *L'épreuve de la limite. Derrida, Henry, Lévinas et la phénoménologie*, Paris: PUF, 2001, p. 180.（フランソワ＝ダヴィッド・セバー『限界の試練──デリダ、アンリ、レヴィナスと現象学──』合田正人訳、法政大学出版局、2013年、213頁参照）

22)　エスポジト、前掲書、28頁、158頁。「コジェーヴからジャンケレヴィッチやレヴィナスまで、権利が本質的に三人称的なものであることを強調した思想家たちがやったことは、

ヴェイユは『人格と聖なるもの』で正義についてのきわめて具体的な事例を扱っており，権利を有するということが自己の客体化の主体であると考える[23]。それはジャック・マリタン[24]による人格の定義を出発点にするものだった。エスポジトはブランショが非人称の問題をエクリチュールのレジームに持ち込んだとする[25]。彼はブランショを参照しつつ，最終的にはそれがさらに三人称や第三者，「中性的なもの」といった概念の展開とともに，20世紀の思想家たちのうちに辿られることになることを示す[26]。エスポジトはブランショのカフカ論に「語りの主語を廃し，またあらゆる他動詞的行為，あらゆる客観的な可能性を無効にする」[27]，「中性的なもの」[28]を見る。

　ブランショにおける非人称の問題を簡単に確認しておく。彼は，1947年のサルトルの『文学とは何か』に対する応答として「文学と死への権利」を書いた[29]。この評論において，ブランショが提示しようとしたのは，マラルメとヘーゲルに大きく依拠し，言語のもたらす否定の作用に立脚した，「死を担い，死のうちに保持される」文学の形だった。ブランショはこの文学の在り様に実存としての虚無を，レヴィナスのイリヤ＝ある（il y a）の具現を見出している[30]。

　ここでブランショは，ヘーゲルに言及しながら文学活動の本質である特異性について語っている。「書くことを欲する者は，ある矛盾に阻まれることになる。すなわち，書くためには才能が必要である。しかし，天賦の才もそれ自体

それぞれ異なる視点からであれ，ヴェイユによって提起された要請を再提案することにほかならない」（同書，29頁）。

23)　同書，22頁。

24)　ジャック・マリタンは1948年に世界人権宣言を起草した。

25)　ロベルト・エスポジト『近代政治の脱構築――共同体・免疫・生政治――』岡田温司訳，講談社選書メチエ，2009年，272頁。

26)　エスポジト『三人称の哲学』268頁。

27)　同書，209頁。

28)　同上。

29)　山邑久仁子の指摘によると，1947年に発表・出版された3つの重要な著作として，サルトルの『文学とは何か』，コジェーヴの『ヘーゲル読解入門』（レーモン・クノー編纂），レヴィナスの『実存から実存者へ』が挙げられている（ブランショ『カフカからカフカへ』314頁参照）。

30)　同上。

では意味をなさない。机に向かわない限り，彼は作品を書かなかったというこ
とであり，作家は作家ではなく，彼には自分に作家になれる才能があるかどう
かわからない。書いた後でしか彼は才能を手にできないのだが，しかし書くた
めには才能が必要なのである[31]」。ここでブランショは，作家は自分自身の才能
を知るために，自分が作り出す作品を必要としているのであり，「作品以前に
は，彼は自分が何者であるか知らないだけでなく，何者でもない[32]」と言ってい
る。これは先に見た，メルロ＝ポンティの表現の逆説を別の言い方で表現して
いるものだと言える[33]。

　メルロ＝ポンティはその表現論において，ブランショの「美術館，芸術と時
間[34]」の一文を借りて，「あらゆるスタイルは，世界をその本質的部分の1つに
向か・わ・し・め・る・よ・う・な，世界の諸要素の形態化である」(PM 84-85)と述べている。
1995年10月のソルボンヌ大学で行われた国際シンポジウムで，クロード・ル
フォールは，マルローの功績として「知覚はすでにスタイル化している」(PM
84)ことを見て取った事であると述べた上で，『世界の散文』の序文を書いて
から四半世紀後にもなお，その「向かわしめる」という特徴，すなわち世界に
その存・在・意・味・方・向・を与えるという特徴を強調している[35]。つまり，知覚による世

31)　Blanchot, *De Kafka à Kafka*, p. 14. (同書，12頁)
32)　*Ibid.* (同上)
33)　実はメルロ＝ポンティもブランショを読んでいる。カフカの著作は早くからフランスに
　　　紹介されており，『変身』は1928年には*NRF*誌に仏訳が掲載された。メルロ＝ポンティ
　　　のラジオ講演の註の調査を行って出版したステファニ・メナセによって，メルロ＝ポンテ
　　　ィが当時としては最新の著作や刊行物に極度の注意を払っていることが明らかになってい
　　　る（メルロ＝ポンティ『知覚の哲学――ラジオ講演1948年――』10頁参照）。1948年のラ
　　　ジオ講演の第5回目「外部から見た人間」の最終箇所では，ヴォルテールの『ミクロメガ
　　　ス』(PhP 502にもある) に言及する時にカフカの延長線上にブランショの『至高者』
　　　(1948年) に触れている (C 52)。その詳細な訳註で菅野盾樹が指摘するように，カフカと
　　　ブランショの表現のスタイルにはかなりの違いがある（『知覚の哲学』338頁）。そのため，
　　　やや強引な印象を受けるものの，この参照からはメルロ＝ポンティの当時の文壇への目配
　　　りがうかがえる。
34)　Blanchot, « Le musée, l'Art et le Temps », *Critique*, no. 43, Paris: Minuit, décembre
　　　1950, p. 204.
35)　Claude Lefort, « Le sens de l'orientation », dans *Notes de cours sur L'origine de la
　　　géométrie de Husserl. Suivi de Recherches sur la phénoménologie de Merleau-Ponty*,
　　　sous la direction de Renaud Barbaras, Paris: PUF, 1998, p. 236. (クロード・ルフォール

界の見えが「一貫した変形」（PM 85）となり，スタイルを構成するだけでなく，スタイルは身体図式と深く関わるため知覚された世界の見えに根ざすという相互的な関係にある[36]。これが画家や作家など製作者の側に起こることであるが，鑑賞者の側では次のような関係が成立する。「絵画的表現は，知覚の中で開始されている世界の形態化を捉え直し，そして超える」（PM 86）。

　ここで再びブランショに立ち返ると，彼がカフカを読み始めたのはそれほど早い時期ではなかったが，生涯を通して彼はカフカにいく度も立ち返り，論じ続けた。ブランショによると，作家はそれまでは非現実であった1つの企図の実現として，作品という物（objet）として生み出す。そのため，彼は「もし労働のうちに，世界を変えることによって人間を変えていく歴史の力を見るならば，作家の活動のうちに，とりわけ労働の形態を認めるべきである[37]」と述べていた。

　1946年7月12日の週刊誌『アクシオン・アクシオン』にメルロ＝ポンティが書いた短い記事「カフカを燃やすべきか？」は，サルトルやボーヴォワールのような現代文学の一部は不健全で不道徳だとする批判に対して彼らを弁護するものであった[38]。メルロ＝ポンティは現代文学を含む「芸術は常に"内側"と"外側"の間の緊張を前提としている」（P 70）とし，絵画の画像においては，「物の『皮』を引き裂くこと」（OE 69）がなされ，物が私たちの前で「血を流している」（C 53）と考える。身体の内と外を隔てる皮膚を切り裂くことには必然的に傷や痛みが伴うが，メルロ＝ポンティはこのことは人間よりも物について

　　「方向感覚」伊藤泰雄訳，メルロ＝ポンティ『フッサール『幾何学の起源』講義』法政大学出版局，2005年所収，328頁）

36）　晩年のメルロ＝ポンティは，表現のスタイルが発見的権能を持つことについて論じ，同時に，スタイルが行動の構造（ゲシュタルト）を生み出す原理であることを予告していた（河野哲也『メルロ＝ポンティの意味論』創文社，2000年，226頁）。そのためには，スタイルを主題的に扱った「間接的言語と沈黙の声」だけでなく，『行動の構造』に遡り，中期の言語論の時期を経て形成された，有機体としての身体に根ざしたスタイル，身体図式と意味の関係についての詳細な考察を経て，プルーストの『失われた時を求めて』における両義的な表現と注意についての検討が必要となる。ただし，これらの問題に関しては他の拙論で扱ったのでここでは立ち入らない。

37）　Blanchot, *De Kafka à Kafka*, p. 25.（ブランショ『カフカからカフカへ』26頁）

38）　Cf. Emmanuel de Saint Aubert, *op. cit.*, pp. 211-213.

使用することが多い。エマニュエル・ド・サントベールはこれを「出血する物」[39]，「存在の傷」[40] という用語ともに検証することで，それが「感じられるものの肉（chair du sensible）」[41] の概念であることを説明する。

　確かにメルロ＝ポンティは痛みについての分析はしているが，文学を例に取る場合は，カフカのように「人間生活が常に脅かされている」（C 52）こと，プルーストが描く無意志的想起によって蘇った過去の失恋の古傷の疼き（Cf. IP 257）のように，どちらかと言うと傷つきやすさを比喩的に検討する場合が多い。前節で見た表現の現場で起こる神経衰弱の例と併せて考えると，これはまさに芸術家と対象の双方が，安定した既存の表現を打ち破り，まさしく傷つきやすさの領域に降りていくことだと言える。

　ここでブランショのヴェイユ論に目を向けよう[42]。ブランショは表現の逆説に身を浸す作家が，共存しえない契機に引き裂かれているとし，その「不幸」[43] を作家の最も深遠な才能だと論じる。つまり，その創作過程においては，自己を否定することによって，作家は作品を完成させるとブランショは考えた。

　ブランショは，権利と義務，正義や人権といったテーマで論じられることの多い『人格と聖なるもの』を非人称という枠組みで捉える。まず，ブランショはヴェイユ哲学にとって本質的なのは「不幸と注意」であることを指摘する[44]。不幸によって私たちが耐え忍ぶのは純粋な時間なのであり，具体的には欲求，空腹，疲労の窮乏の極みで私たちは空虚な永遠を耐え忍ぶ。そこで，私たちは

---

39)　*Ibid.*, p. 216, p. 218.

40)　*Ibid.*, p. 211.

41)　*Ibid.*

42)　ニヒリズムと経験の限界というテーマが支配的なコンテクストに，シモーヌ・ヴェイユの著作を位置づけるのはブランショだとダル・ラーゴは考える（アレッサンドロ・ダル・ラーゴ「弱さの倫理──シモーヌ・ヴェイユとニヒリズム──」ジャンニ・ヴァッティモ編『弱い思考』法政大学出版局，2012年所収，166頁参照）。彼によると，これまでのヴェイユをめぐる研究では弱さというテーマについての議論が十分になされていない（同書，165頁）。不可能性の中に神を探し求めるというヴェイユ思想の性質から，ダル・ラーゴはそれがニヒリズムに関する現代的省察に類似しているとし，ヴェイユをカフカになぞらえる（同書，159頁）。

43)　Blanchot, *De Kafka à Kafka*, p. 31.（ブランショ『カフカからカフカへ』32頁）

44)　Blanchot, *L'Entretien infini*, p. 174.

私たち自身や世界を奪われており、「私たちは無限に耐え忍ぶ時間である。注意は時間に対して同じ関係にある。注意は待機である——努力ではなく、緊張でもなく、気がかりな何かの周りを取り巻く知の動員でもない」[45]。そこでは、注意をしているのは私ではないことから、注意は非人称的だと考えられる。そのような注意においては注意の中心点、パースペクティヴと外的・内的な見えと見るための秩序を分配する中心点は消える。人称と非人称の違いはここにある。なお、非人称とは神に見捨てられるという不幸に触れ、無の状態にある人格の内にある「聖なるものの1つの特徴」[46]である。これはブランショが他性に与える名である[47]。最終的にはブランショは「言語は注意の場である」[48]と結論する。

　メルロ＝ポンティは芸術製作についての講義で画家の製作について次のように述べていた。「色、光、物質（substance）、運動による同時的な動機づけ〔がある〕のであり、私たちが歩く時あるいは動作をする時のようにそれと知らないで問題を解決する動作へのそれらすべての呼びかけ〔がある〕」（IP 86）。そして、「それぞれ部分的な行為が全体に影響を与え、他の行為によって補充されるための隔たりを呼び起こす」（ibid.）ものであり、むしろ画家の製作を手と眼による「選択というよりは、労働 travail と言わなければならない」（Ibid.）と述べていた。つまり、セザンヌもこの労働をしているのであり、彼が「芽吹き（germination）」[49]と言ったことをメルロ＝ポンティはその労働の跡として捉え、これを「画家の『探求』」（Ibid., note. a）と呼んでいた。先に見たようにブランショもまた、作家の表現活動を労働と捉えていた。このように真の製作を労働としてとらえるならば、同じくアランやラニョーの知覚についての関心から、独自に労働について考察を深め、知覚を「神への愛の働き」[50]と結び合わせたヴェイ

45)　*Ibid.*, p. 176.

46)　*Ibid.*, p. 175.

47)　エスポジト『三人称の哲学』204頁。

48)　Blanchot, *L'Entretien infini*, p. 179.

49)　「セザンヌの懐疑」でこの語は、「彼〔セザンヌ〕は風景とともに、芽をのばしていた（germinait）」（SN 23）と、動詞として用いられていた。

50)　今村純子『シモーヌ・ヴェイユの詩学』慶應義塾大学出版会、2010年、54頁。

ユの哲学と接続することも可能だろう。

結　論

　以上のことから，注意概念を軸にメルロ＝ポンティの絵画論を読み直すなら
ば，クレーリーの『知覚の宙吊り』のタイトル通り，知覚を宙吊り——つまり
エポケー（判断停止）すること——により，未完に終わったメルロ＝ポンティの
文学表現についての試みをやり直し，表現の現場での両義性を傷つきやすさと
関連づけることができる。この両義性は主体にも客体にも起こりうるものであ
り，そこには主体としての自己の弱まりがあるものの，メルロ＝ポンティの議
論だけでは不十分である。さらにそれをブランショがカフカ論とヴェイユ論で
扱った非人称についての議論で補完すると，非人称の思考の場における注意の
働きの重要性が明らかになる。その領域における作家の創作活動を労働と捉え
ることにより，メルロ＝ポンティが論じることのできなかった現代の文学を文
学的知覚と表現の関係において扱う可能性を示すことができる。

　さらに付言しておこう。クレーリーはすでに『観察者の系譜』で，オートメ
ーション化した工場での注意と労働というヴェイユ哲学の問題に取り組んでお
り，現代のテクノロジーの発展に伴って注意の問題がますます重要になってく
ると述べている。また，ベルナール・スティグレールは注意するという言葉が
語源としてケアの側面を持つことを指摘し，注意の問題は，個人と社会におけ
る心身のケアの問題と切り離すことができないと述べている。[51] 傷つきやすさと
注意の問題をさらに掘り下げることは，こうした問題にもつながってくるので
はないだろうか。

---

51)　石谷治寛の指摘による。Bernard Stiegler, "Relational Ecology and the Digital Phar-
makon", in *Culture Machine*, London: Open Humanities Press, 2012. Jonathan Crary,
24/7 Late Capitalism and the Ends of Sleep: London/New York: Verso, 2013.（ジョナ
サン・クレーリー『24/7眠らない社会』岡田温司監訳，石谷治寛訳，NTT出版，2015年，
181頁参照）

第Ⅱ部

モダニティと生活形式

モダニズムと生活形式

ピエルジョルジオ・ドナッテリ

1　生のコンテクストと生活形式

　本章では，社会や文化を形成するということが何を意味するのか，そして文明が発達してきたプロセス全体が持つ，一定のモデルがどのようなものであるのかという問題を，生活形式という概念についての特定の理解をいくつか取り上げることによって明らかにしたい。このモデルは，後期ウィトゲンシュタインや，例えばムージルのような，モダニストと呼ばれる線上に位置する作家たちに見られるものである。[1]　もちろん，おそらくそれは，ウィリアム・ジェイムズのような，他の文化的な線上にも見つけることができる。しかしながら，この生活様式についての考え方は，一見したところプラグマティズムに近いようではあるが，やはりそれとは明確に区別される別物である。

　ウィトゲンシュタインを筆頭とするこうした論客たちの見解の中心となるのは以下のようなものである。すなわち，知的，道徳的，経済的，美的な活動，つまり人々が行う，社会的な特徴を持つ様々なものはすべて，それが生じる生のコンテクスト（life context）から説明され，計算することや読書すること，友情を育んだり，結婚すること，散歩したり，絵画を観たり，音楽を聴いたり，ものを売り買いすること等は，制度化されているか否かにかかわらず，私たち

---

1)　この問題については，スタンリー・カヴェルの考察とアルド・ジョルジオ・ガルガーニの考察を参照。

が行う様々な動きを結びつけている親密なつながりを明らかにするということである。ウィトゲンシュタインとムージルによれば，その典型が数学と経済学（計数，ビジネス，財務）の場合である。例えば以下のように言えよう。数を数えることが人間の活動の1つであると見なされる場合，私たちは何を数えるのかを理解している。例えば2，4，6，8と私たちは一続きの数を数え続けることができるが，この活動が行われるのは，一挙に決定されるとはいえ，かなり曖昧なコンテクストにおいてである。ウィトゲンシュタインが強調するのは，それは私たちにとって当たり前となるような運動（moves）に関わるものでなければならない，ということである。この運動は，私たちの教育に関わる実践，それが社会で果たす役割，そしてそうした実践が私たちにとって当たり前になったにもかかわらず，（カヴェル以後）[2]「垂直的」と呼ばれるような次元に関連づけられているという事実に照らし合わせて説明されるもので，環境によって決定されるものである。この環境とは，例を挙げて言えば，私たちがそのようにして構成された身体と一定の生理機能，その他一連の諸事実を有するということを示している。例えば，私たちが自然数のようなものを数えるのは，不連続であって，水滴のような動きをしない事物や対象が存在するからである。

　こうした見方について何点か強調したいことがある。1つ目は，それが活動の人間的側面に力点を置き，それらが有する人間的特性を強調している点である。ここでウィトゲンシュタインの「心理学の哲学」からの短い引用が役立つかと思われる。「私たちにとって不可欠なのは結局，自然な統合（Zustimmung），すなわち，自発的な共感である」。その少し前にウィトゲンシュタインは次のように書いている。「本能が最初で，推論は2番目である。言語ゲームが存在して初めて，それらは意味を持つ[3]」。これらの文から見えてくる視点とは，（他の多くのものと同様）様々な知的活動を，私たちの運動が共感や同意，親密で自発的な合意によって，一まとめにされるような人間の活動として理解すること

2)　S. Cavell, *This New Yet Unapproachable America. Lectures after Emerson after Wittgenstein*, Albuquerque, N. M: Living Batch Press, 1989, pp. 41s.

3)　L. Wittgenstein, *Remarks on the Philosophy of Psychology*, II, §§ 699, 689.（『ウィトゲンシュタイン全集補巻2　心理学の哲学2』野家啓一訳，大修館書店，1988年，224頁）なお，邦訳書からの引用については，必要に応じて訳文を改めた箇所がある。

である。それらは理性と対比される本能とは異なってはいるものの，やはり本能によって形成されているのであり，事実これらの運動は，まさにそうした活動の合理性と見なされる。

　同意（adhesion）と自発的で自然なほとんど本能的とまで言える意見の一致（consensus）は，個人およびそして他人がそれらを受け入れる方法を指し，自分と他の人との協調によって構成されている。信頼（trust）と信用（credit）という言葉がそれに似ており，別の関連では信念という言葉が挙げられる。信用のイメージは，知的，感情的，経済的な活動の特質を示すため，ウィリアム・ジェイムズとムージル（ジェイムズの読者）によって用いられている。ムージルは次のように書いている。

　　恋愛がビジネスのようであり，科学が高跳びのようであるかのように，人は勝利し，得点を上げるために，何かを信頼しなければならない。生涯を通じて，それ以外の方法があるだろうか。とはいえ，ある規則がどんなに十分に確立されたものであるとしても，それは実際には常に，自発的に信じるという余地を残している。そしてこの信仰は，植物の新芽のように，その発芽点を表している。一度この説明不可能で，保証できない信念が使い古されると，それは程なく消失していく。一定の時代や権力が崩壊するのは，ビジネスが信用を失った場合に陥る事態と何ら変わりはない。[4]

ウィリアム・ジェイムズも同様の言葉を用いていた。

　　真実は……大半は信用体系に依拠して成立する。誰もが拒否しない限り，紙幣が流通するのと同じように，私たちの思考と信念は「通用」する。しかし，こうしたことはすべて，どこかで直接対面検証を行うことへと向かうものであり，それがなければ，真実という布地は，まるで現金による裏づけのない金融システムのように崩壊する。[5]

---

4)　R. Musil, *The Man without Qualities*, trans. S. Wilkins and B. Pike, London: Picador, 1995, p. 575.

ここで信用の経済的イメージが限定されない（すなわち，経済的ではない）人間の信用――つまり，信頼――に基づいていることが，いかに意味深いものであるかを強調したい。こうした経済的な営みによって享受される信用のモデルを通して，他者，すなわち，彼らが言ったり行ったりすることは授けられるのであり，それはこれらの件に示されている通りである。

　すでに示したように，これらはすべて，人間関係におけるボトムアップについての説明であり，信頼関係という，私たちが他人に対して，当然期待していることや，私たちにとって，そうしたり言ったりすることが当然であることを示す振る舞いである。こうした説明はデイヴィッド・ヒュームと重要な関係がある。法的正義の因習的な起源についての説明の中でヒュームは，様々な社会契約論から区別される約束や，高次の理性装置に訴えることの誤りを指摘し，個人個人の関心にふさわしい状況において，1人ひとりがお互いに同意し合うことに言及している。これは，相互信頼と慣習に沿って徐々に定着し，正義が問題となる場合に，私たちを結びつける特殊な責務となる方法である。ヒュームは次のように付け加えている。「それは言語が，人間の慣習によって約束事なしに徐々に確立されるのと同じである。金銀が交換の共通尺度となり，本来の価値の何百倍の価値があると見なされるのも同じことである」。私たちが貨幣に置く信頼は，土台となる信用と信頼の具体例として挙げることができる。そして今度はこの信用と信頼が，いかに人間存在が共同作業を通じて統合され，最初に抱いた決意と情熱を超えたところにまで至るのかを説明することになる。

　以上に述べたような箇所をはじめとして，20世紀の作家たちの多くに，非常に興味深い視点が見出される。それによれば，活動性とは信頼，受諾，確実性によって構成された内的で人間的な結束によって統合されるということになる（例えばムージルのエッセイ『ドイツ症候群（*The German as Symptom*）』で繰り返されている）。これは，個人と社会の両方に投資する人間の結束である。こうし

5)　W. James. "Pragmatism's Conception of Truth". *The Journal of Philosophy, Psychology and Scientific Methods*, Vol. 4/7, 1907.

6)　David. Hume, *A Treatise of Human Nature*, III, ii, ii. edited by David Fate Norton, Mary J. Norton, Oxford/New York: Oxford University Press, 2000.

た土台のおかげで個人は自分自身を維持することができるが，それは同時に，社会，文明，文化を保つ土台ともなる（ここでムージルにとって重要ことは，文化と文明の二者択一を乗り越えることである）。

　それゆえ，こうした視点の第1の様相とは，そもそもの出発点において，多種の事実を生き生きと自然に調和した状態で1つにするような「行動の群れ (Gewimmel)[7]」を生活形式 (forms of life) と呼んでいることである。そしてこれらの結びつき，親密さ，自然な近しさにおいて，数学，科学，経済学といった（私たちが時としてそう呼ぶような）高次の理性的活動だけでなく，実践的な活動も説明される。このように一見合理性と行動の形式という特定のメカニズムに限定されているように思われる，人間の諸活動を多角的に再構成することについて，豊富な例を示しているのがムージルである。

2　自発的同意としての規範性

　この視点のもう1つの側面は，私たちが他者との間に確立する関係，すなわち，生活上の様々な交わりにおいて，私たちが自発的に同意したり，承諾したり，動作を確信したりするという内的な性質である。生活様式に関してこのような角度から見ることの狙いは，人間の活動を規制する合理性や規範性が，それらの活動を記述する大騒動 (hurly-burly) 以外のどこかにあるという考えに反駁することである。それは，結果として，ガルガーニが喚起しているように，人為的な複製に反駁することである。彼が書いているように，「シンボルを使用して私たちの作業を事前に導くような，あらかじめ決定されたプロセスは存在しない。別様に言えば，一歩踏み出した後に，どれが次のものになるかを決めるのは，私たちである[8]」。おそらく，ガルガーニを修正して，次のように言

---

7)　ウィトゲンシュタインは以下のように書いている。「人間の行為はいかにして説明されるべきか。なるほどそれは，様々な人間の行為によってであり，それらはすべて1つに統合されている。つまり，今ある人が行っていることだけでなく，「大騒動 (Gewimmel)」の全体が，われわれに見える行動の背景であり，われわれの判断や考えや反応を決定するのである」(Wittgenstein, *op cit.*, §629 (200頁))。

8)　A. G. Gargani," Ideologia e analisi filosofica", in E. M. Forni (ed.), *Teoria dei sistemi*

うことができるできよう。すなわち，私たちは何が次の一歩になるべきなのか
を確立するのではないということである。それは私たちが共有している活動に
合わせて，別の一歩を歩むのが当然であると考え，ためらわずにそれについて
の責任を引き受けることと同じである。こうした事態を，カヴェルは多くの仕
方でうまく論じている。例えば，『理性の要求』の「指標 (criterion)」という概
念についての議論がそれに相当する。発話し，言葉や表現を用いる際に，私た
ちは言語との詳細な一致に依拠している。そしてこの言語を背景にして，私た
ちは他者との一致を確認するが，それに加えて，私たちは自分の言うことに対
する個人的責任もテストしている。それはこの調和に対する他ならぬ私たちの
立ち位置について疑問を投げかけ，私たちが見落としている場合には，その調
和を私たちが把握するに至る可能性に目を開くこと（カヴェルの用語では認知 (ac-
knowledgement)[9]）によってである。

　さてここで，私が提示している線上に近い哲学者，すなわちニーチェとのも
う1つの関係を示唆したいと思う。最初に思い出されるのは，『人間的な，あ
まりに人間的な』から『道徳の系譜』へと至る彼の歩みである。私が理解する
限りでは，それは正しく，人生にとっての意味やそれを正当化することから解
放された，反省的で文化的な生活を描くことを狙いとしている。彼が『道徳の
系譜』の結論部 (28) で書いているように，私たちの文化を支配する禁欲的な
理想は，人生における意味を見つける必要性を個々の人間に課してきた。――
「しかし，苦しむことそれ自体が問題なのではない。そうではなくて，『何のた
めに苦しむのか』と彼が叫ぶ問いには，いかなる答えもないという事実であ
る」。そしてそうすることによって，生に対するある種の嫌悪――すなわち，
身体，感覚と理性それ自体，「仮象，変転，生成，死，願望」，幸福と美に対す
るある種の嫌悪を彼，彼女に浸透させるのである[10]。

　　e razionalità sociale, Bologna: Cappelli, 1986, p. 55. Also *Il sapere senza fondamenti*,
　　Torino: Einaudi, 1975.
　9)　S. Cavell, *The Claim of Reason*, Oxford: Oxford University Press, 1979.
　10)　F. Nietzsche, *On the Genealogy of Morality*, Cambridge: Cambridge University Press,
　　2008, p. 120. この点に関しては以下の論文を参照。P. Donatelli, *Etica. I classici, le teor-
　　ie e le linee evolutive*, Torino: Einaudi, 2015, chp. 14.

ニーチェは，私たちが生に満足しきっている状態を予見した。そこでは私たちは生にいかなる意味も与える必要もなく，生を単純で多様で，豊かなものとして再発見する。このことは，もう1つの重要なテーマであるが，以下のように言うことに留めておこう（それについてはのちほど触れることになる）。卑近な例，すなわち，一般的で日常的なものに戻って言うならば，カヴェルがそれを詳細に論じている。彼はその議論をエマスンとアメリカの超絶主義的な伝統的思考との間にある空白を，ウィトゲンシュタインと日常言語学派によって埋めるという作業によって行っている。生の意味づけにおいて，生の意味が二重化される必要性のうちに，ニーチェは，芸術のうちに根強く残っている神学的な残滓を読み取っている。それはよく知られているように，形而上学批判，すなわち，まさにこうしたことを基盤として書かれた初期の作品群において，最もよく論じられている。ここで，ウィトゲンシュタインの最初の著書である『論理哲学論考』で指示され，後期思想において最高潮に達する同様の批判が挙げられる（いずれの場合も，方法は異なるものの，批判の矛先は，生を不当に貶める形而上学へ，こう言ってよければ，至高化された生の二重化の克服へと向けられている）。実を言えば，そこで問題となるのは，日常生活の尊厳の回復であり，生の日の当たる部分が，偶然的で運に左右され，制限があるような通常の生活から，一貫して切り離されているという印象を克服することである。かくして，これらの批判は初期の著作――すなわち，『断片』と『論理哲学論考』において，そうした乗り越えを生き生きと描いているが，日常生活の形而上学との分離的な意味合いは完全に払拭されているわけではなく，結果，形而上学的な二重化は，手つかずで有効なものとして残っている[11]。

　この第2点目も重要である。それは，否定的な意味において，私たちの知的および道徳的な活動を崇高であるとして，まるで魔法のように私たちの実践を天上，すなわち外部からコントロールする装置に変化させることへの批判として機能している。これは，神学的残滓と理論的で形式的なものの仮面を剥ぐことを目指す，一連の学説のラインに合流する。特に私がここで念頭に置いてい

---

[11]　コーラ・ダイアモンドはこの問題について，例えば『交錯する哲学』において詳細に論じている。

るのは，マルクスとその批評家たちの理論である。しかし，それはまた，二重
化と昇華の必要性から解放された，新たな光の中での私たちの実践，活動，お
よび生の再発見としての肯定的な概念としても機能する。

3　生の二重化という問題

　次にこの点について詳しく述べたい。以上のような一連の作家たちの位置づ
けの中で，私が従うのは，カヴェルによって最も申し分なく効果的になし遂げ
られた流れである。それによると生の近しさと親密さとは，その多様な活動性
において明るみにもたらされるのであるが，その理由は正しく私たちが，超越
論的なメカニズムという外的な装置によって，人間の活動が統合されていると
いうファンタジーを乗り越えるから，つまり，一度崇高化を乗り越えるからな
のである。
　合理主義的および神学的なメカニズムから解放された後に発見される，あり
ふれた生活というテーマは，古典的な近代倫理学に現存している問題であると
言えよう。ホッブズ，ロック，ルソー，カントのうちに，それは様々な仕方で
見出されるが，直接的に倫理的および政治的な学説においてではなく，むしろ
宗教についての考察に多く見られる。事実，これらの著者たちが最も明確かつ
直接的に，神学批判を唱えるのは，宗教思想においてである。その批判とは，
キリストの平易な言葉を，机上の合理的な構築物が覆い隠しているというもの
である。彼らが理論上の冗語法から解放された，通常の生活を発見しているの
は，宗教についての考察とキリスト教の再解釈においてである。[12]
　これは魅力的なテーマであるが，ここでは立ち入らない。ウィトゲンシュタ
イン，カヴェル，そして前述のモダニズムの作家たちにおいて，合理主義的な
装置からの解放は異なる性質を持っているということを示唆するに留めておく。
現代の著者たちの目的は，社会生活を根づかせるための一般的な能力を発見す
ることであり，彼らはそれを様々な仕方で行っている。これらの作家たちにと

---

12)　筆者前掲書参照。

って，日常生活は確固たる基盤を有するものである。そしてこのテーマは，人間の本質について言及することと無関係ではない。事実こう言うこともできるであろう。つまり，まさに様々なあり方で，人間本性のような何ものかが存在し，それは日常の状態で現れているとも言える（無論，そう考えるならば，スピノザの立場はいく分特殊に思えようが）。さらに付言するならば，ヒュームは興味深いけれども厄介な例外であると言える。なぜなら彼は，日常生活が他の何よりも優先されると考える一方で，キリスト教批判をまったく行わずにそうやっているからである。もう1つ重要なことは，ヒュームにおいて日常生活は懐疑主義によって脅かされるということである。とはいえ，それは知的なものと道徳的信念との離齬を特徴づけるような，不均衡な仕方によってであり，それが可能になるのは，結局のところ，人間の本性らしく思われることを弁護するようになるような懐疑主義によってである。そして私たちは，その一般的特性を参照することによって，狂信的であったり，一風変わっていたりすることを免れうる。そして同時に，ヒュームは現代の作家と調和するかのように，人間の本性を自然的合意に基づけている。それは，信用の図式において見た通りである。

これらの著者たちは，目がくらむような魅惑的な特性をそれぞれ持ち合わせているにもかかわらず，意味を共有される生が存在し，それは信頼されるようになると考えている。逆に，ウィトゲンシュタインとカヴェルにとっては，そのような確固たる基盤は存在せず，むしろ後者においては，それらの枠組みは特定の見方から生じるもので，理論上の枠組みを越えたものからの解放の結果として得られるものとなる。私たちが共通の生を見出すために自分自身を解放しなければならないという偏見は，幻想であり，それによれば，理想的な状態だけが，私たちの活動，思考，言葉，他者との遭遇，世界についての知識等を与えてくれるということになる。これは，よく知られている『哲学探究』（§107）に描かれている。

　少なくとも言えることは，我々が考察するのは実際に使われている言語であり，よりはっきりと言えば，それと我々の要求（Forderung）との間の葛藤である（というのも，論理の結晶純度が，洞察（investigation）の結果ではないこと

は明らかだからである）〔§38で，彼は「我々は自分たちの言語の論理を至高のもの
とする傾向がある」と書いている〕。その葛藤は耐え難いものである。すなわち，
要求は空疎なものになる危険がある。……我々はいかなる摩擦もなく，よっ
て，ある意味で理想的な状態である滑りやすい氷上にいるが，それゆえ歩く
ことができない。我々は歩きたいと願うので，摩擦が必要である。ざらざら
した地面に戻るのだ！[13]

　こうしたファンタジーは，私たちが見出すがままの諸活動，すなわち，言語
や他者との出会い，世界についての知識が不十分で，不適切であり，他者は私
たちから逃れること，すなわち，世界はその根底において，認識不可能である
と知ることに対応している。崇高化することは，私たちの結合が失われている
ことと物質的なものについての不信感に由来する。物質的世界は私たちの実践
や制度や他者や世界との出会いの重みを支えるには，あまりにも脆いものであ
るように思われる。そのようなものとして，私たちは物質的なものを拒絶し，
それを崇高化されたものとして経験し，ある理念的な秩序において二重化する。
それは日常生活の脆さやはかなさに対する安全装置なのである。これは，カヴ
ェルによって提供された判断であり，近くではウィトゲンシュタインとフロイ
トという2人のモダニストの思想家を引き合いに出すことにおいて鮮明となる。
　この考え方によれば，物的世界を崇高化することによって，私たちが回避し
ようとするのは，先に述べたような行動の群れ，まさに私たちの実存というあ
り方，すなわち，信頼するにはあまりにもはかなく思われるような，人間同士
の結合である。例えば私たちは，表現という特異な事実を受け入れることが必
要である。すなわち，私たちは自分を理解してもらうために自己表現し（私た
ちは，ジェスチャーや表情や動きや振る舞いや言語によって，身体で表現する），他者
とコミュニケーションを取るが，それと同時に私たちは，自分自身を表現する
ためには，自分自身を抑制し，いく分不自由な思いをしなければならない。[14] 私

13)　Ludwig Wittgenstein, *Philosophical Investigations*, Hoboken, New Jersey: Wiley-
　　Blackwell, 2009, § 107.
14)　S. Cavell,"Knowing and Acknowledging", in *Must We Mean What We Say?*, Cambridge:

たちは，自分たちが条件づけられていることを受け入れ，身体，他者，世界に依存していることを受け入れる必要がある。

　自発的な合意は，このような結合によって知らされるものである。すなわちそれは，言語，思想，道徳，その他の多くのことが，この結合から解放されていると私たちが考えることによって拒絶するような，私たちとそれらとの依存関係である。この崇高化を検討することが分析の鍵であり，それを形而上学（例えばウィトゲンシュタインが行っている分析）へと至る現実的な二重化として取り扱うのではなく，私たちが自分自身を理解するためのパースペクティヴとして論じることが重要である。こうした観点からすれば，生そのものを崇高に二重化するのとは対照的に，私たちの生は脆くて，脆弱であるように思われる。しかし，私たちは自分たちが目の当たりにすることを大切にすることによって，日常生活へと回帰することが可能であり，そして，生そのものの崇高化という観点から見た時に，そのようにドラマチックに経験される私たちの限界や脆弱性が，私たちの日常生活のまさにその条件であることを実感し，それで十分であり，その先に進むべきではないと実感するのである。つまり，私たちは「大地と幸福と友情を愛してやまないこと」に戻る。ニーチェの言葉はこうである。

　　悲劇的な人間に姿を変えた私たちは，魂に安堵を覚えながら，生へと回帰する。私たちは，まるで最大の危険，逸脱，忘我から，限られた馴染みある場所に至る道を見つけたかのように新たな安心感を感じるようになる。[15]

　このことが意味するのは，崇高化のポジティヴで光の当たる側面を経由せずに崇高化の経験を通じて進んでいくこと，つまり，崇高化された視点から見た時にみじめで悲惨に見えるものを経由して進んでいくことであり，それを取り戻して，それが私たちが必要とするすべてであると知ることである。　しかし，

Cambridge University Press, 1976, pp. 220-245.

15)　F. Nietzsche, *Richard Wagner in Bayreuth*, California: Create Space Independent Publishing Platform, 2017. (『ニーチェ全集第4巻』小倉志祥訳，理想社，1964年，327-328頁参照)

物語はこれで終わりではない。ウィトゲンシュタインに関してよく言われるような，哲学的静寂主義という意味でのみ，私たちはそうすることを必要としているのではない。崇高化という状況は，先に挙げられたウィトゲンシュタインからの引用のように，閉塞した運動不可能な状態である。それは，ざらざらした地面，すなわち，日常生活への回帰であり，新たな可能性が開かれることの証であって，まさに一度固定されたものを流動化することである。

　先に述べた近代の線状に浮かび上がる日常的なものとは異なり，ここにもう1つの視点が現れる。私たちは依拠すべき堅固な基盤を持たないが，それはむしろ，常に失われた後に再び見出されるというプロセスにおいて露呈する基盤である。行動や仕草が自ずと統合されているという親近性は，まさにその親近性を否定することにおいて失われるが，この否定にこそ，崇高化の本質がある。その一方で，まさに崇高化を乗り越えることによってこそ，私たちがこの世界でそもそも置かれている状況，すなわち互いに同意し，一致している私たちが，脆く脆弱であるということを認識することができる。よって，日常生活とは常に危機的状況において回復されるものなのである。

　この点について，少しまとめておこう。すなわち，身体，言葉，関係，実存的で社会的な素地は，私たちの「より高度な」知的，道徳的，政治的，経済的，および法的構造の基盤として記述される。しかし，それらは壊れやすい基盤であり，それゆえに創造的である。こうした見方によれば，危機というテーマは建設的なものとなる。信念，確信，信頼からなる人間の結束は，際限のない目眩と孤立の中で崩壊し，まさに信じることが不可能な状況へと転じる。他者，世界と自分自身との近しさは，私たちの生活が織りなす素地と身体の連続性によるが，それはいわく言い難い感覚へと変化することがある。つまり，関係性を確立することを不可能に思ったり，人間が身体的に存在することを奇妙に思ったりするようになるのである。このような，得体の知れないものへの問いは，フロイト，ウィトゲンシュタイン，ハイデッガーの3人の偉大な思想家に見出され，カヴェルによって，再び取り上げられた重要なモダニストのテーマである。私が提示した推論の線上では，このテーマは以下のように位置づけられる。実践と制度——すなわち，ムージルをあんなにも魅了したきわめて冷たいしき

たりという人間の側面——を結びつけるのは，自発的な共感である。そしてこうした統一性と同意は，それらが拒絶される場合や私たちが危機に瀕した場面で，私たちに再び現れたり，私たちの方からそれらに立ち戻り，失われたものとして経験された後に，強力で創造的な脆弱性において，それに抗ったり回復されることによって，その役割を果たす。近代的な意味とは違って，ここでの生活形式は，内部から，つまり自分がそうあるところのものによって脅かされているように見える。つまり，私たちは当該世界に自分自身を位置づける者であり，そこに住む仕方なのである。それらは，束縛と人間の結束という内的に矛盾する感情をつきつけられている。しかしながらこれらを可動的で変形可能な結びつきと同意として，私たちに送り返すのは，他ならぬこの矛盾した感情である。魅惑的でありながらも避けることのできない政治的な社会の図式は，ホッブズによれば，何かまったく異なったものである。すなわち，それは，そこにそぐわない，異質な構築物を破壊していくような，人間本性の永続的な重なりによって，常に脅かされているのである。

　ムージルにとってきわめて重要なテーマとは，慣行，関係，経験を結びつけるこれらの生活形式がどこに存するのかについての，反省的な自覚が欠けていることである。[16] 同じような診断がウィトゲンシュタインにも見出される（様々な言い回しがある中で，最も有名なものに従えば，私たちはそれについてはっきりと表現しきれていないということである）。[17] カヴェルの言葉で言えば，そのような反省的な生は，危機と離反（estrangement）を飼い慣らすこと，つまり，飼い慣らされた馴染みあるものからの逃れることを要求する。[18] この観点から見ると，人間の状態とその様々な形は，私たちの実践，制度，経験を説明することができる堅固な物質であるようには見えない。そうではなく，危険，反論，危機が蔓延した状態である。この視点は，私たちの生活形式の基本的な側面に焦点を当てるものである。言ってみればそれは，私たちが自分自身，すなわち，私たちの

16）　R. Musil, "Mind and Experience: Notes for Readers Who Have Escaped the Decline of the West", in Allen Thiher, *Understanding Robert Musil*, Columbia: University of South Carolina Press, 2009, pp. 166-169.

17）　L. Wittgenstein, *op. cit.,* §122.

18）　S. Cavell, *Conditions Handsome and Unhandsome*, p. 61.

過去と私たちの身体について持つ信頼や快適さが脆いものであること，私たちの世界とのつながりの脆弱性を強調する。それが私たちに教えてくれるのは，私たちがこのような脆弱性を逃れようと試み，それを置き換えることによって変身させ，自分たちが寄与することなしに機械的に進行していく，私たちから独立した確固たる関係の下でそれを二重化するということである。

　ニーチェが1880年代末頃に激しい怒りを向けていたこうした二重化の動きに対して，すべての近代の作家が責任を負うわけではない。とはいえ，彼らが人間の存在の共通基盤を確固とした核として提示したことは間違いない。その一方での問題とは，私たちがこうした基盤を認めない限り，苦悩や苦痛，喜びや希望は言葉を持たないままであり，いかなる表現も欠いた経験に留まって，私たちはそれを知ることができないということである。しかし，これこそがこの基盤のの本性である。ウィトゲンシュタインが語っている行動，身振り，言葉，経験を統合するような自発的な共感を信じるということは，それらに裏切られるという経験を考えることでもある。馴染みのある親密なものは，不可解なエイリアンへと姿を変える。大騒動（Gewimmel）が持つ本質的な可動性は，日常生活という，要するにありふれた目に見えるものを明るみにもたらす必要があることを説明するが，それは最も重要なことを隠蔽し恥じるということでもある。しかし，それはまた，共に生きること，存在し，世界に住まうための新たな方法を模索する際に見出される力動性と変容性，驚きと喜びも同時に説明するものである。

　この行に見出されるのは，経験や要望だけでなく，二重化されたカテゴリーという視点や，単に自然主義的なものからは見えない風景全体を浮かび上がらせる空間と不在である。

4　生の自発的統合としての物語

　以上形而上学的二重化の問題に簡単に触れた。最後にオリバー・サックスを例にして，自然主義，あるいはより適切に言えば，単なる自然主義について考察しよう。よく知られているように，サックスは彼の臨床事例についてナレー

ションをつけて語った。『妻を帽子と間違えた男』の序文で，物語と寓話が必要であって，おそらく患者の症例を伝えるために必要な隠喩や神話が欠けていると書いている[19]。彼の物語が描くのは，ヴィトゲンシュタインが述べるような，一挙に一まとめにされる自発的な統合と共感の風景を，詳細に描写する実存の根本的条件の欠如である。彼は身体，身振り，および個人と社会性を形作る言葉の間の合意を危険にさらすような喪失を語るために物語，神話，比喩を用いる。彼は自分自身を極端に歪曲して描写するために，物語や神話を必要とする。それに加えて，これらの喪失のナレーションは，私たちが何であるかについて触れる，前例のない魅力的な方法を取り戻し，さらに，様々な症候群を並置することによって，私たちが別様にあることが多いにありうるという可能性も並置する。彼が用いる様々な症候群は並行して起こるものであるが，そのうちのトゥレット症候群とこの症候群のもとで姿を変えた日常経験というものがある。彼は次のように書いている。「欠陥，障害，病気〔……〕は潜在的な力，発展，進化，生命の形態を生み出すことによって，逆説的な役割を果たすことができる。それはかつて見たことのないものであるか，それが存在しない時には，想像すらしないものである」[20]。私たちは自分自身や他人との合意の自発的な条件を再発見し，それとともに私たちがそれらと異なっているかもしれないことを発見するのである。

　私が示唆したいのは，サックスが物語を必要とし，神話を必要としているということである。なぜなら，単に自然主義的なレベルで彼が動いていないからである。彼は物語を用いて，私たちの地上世界での生活の条件を探求する。そしてそれは，あたかも新たな光の中で見られた世界であるかのように，別のやり方で私たちに戻ってくる。このような仕方で，『手』と題された物語では，脳性麻痺の影響で盲目となった婦人について語る。サックス，彼女が初めて自分の手を使って触れることで世界を探索することを学ぶの手助けをする。彼女は彼女が見たことや触ったことのない，誘導的にも推測的にも知っていただけの物体を発見する。サックスはこう書いている。

---

19)　Oliver Sacks, *The Man Who Mistook His Wife for a Hat*, London: Picador, 2015.
20)　*Ibid.*

ベーグルは穴の空いた丸いパンとして認識された。フォークはいくつかの鋭い尖叉を備えた細長い平坦な物体として。しかし，この予備的な分析は直観に取って変わられ，物体は即座にそれ自体として，すなわち，即座にその特性と「相貌」を持った馴染みのあるもの，つまり即座に唯一の「旧友」として認識された。そしてこの種の認識は，分析的ではなく，総合的で直接的であって，鮮やかな喜びとを伴い，さらに彼女が魅力と謎と美しさに満ちた世界を発見したという感覚とともに進行した。[21]

　この患者のナレーションによって私たちは，ウィトゲンシュタインが語る自発的な統合の魅力と喜び，物体と世界との密接な接触を発見する。これはすべて，サックスによって実際の損失（または欠損を補うこと）に続く成果として記述されるが，私たちはこの魅力と喜びにも気づいている。サックスの散文に触れると，私たちはこの女性の喜びを分かち合い，驚くべきものに見える対象や世界に触れるという，まさにそのことの親密さと親しみへと立ち戻らされるのである。私たちは再びそれを発見する。これは，身体を持つこと，個性を感じること，言葉を持ち，表現力豊かであることなど，自発的な統合の風景を浮かび上がらせる側面を持った物語で起こることである。しかしそれらは物語である。つまり，サックスは単なる自然主義的な条件を記述するのではなく，それらが隠され見えなくなっている場所からこうした状態への復帰を記述している。それは，対象の馴染み深さとの私たちの新たな出会いについて語り，そのような親密さに光を与え，それらを取り戻すことによってである。彼が記述するのは，昇華の運動と日常的なものへの回帰であり，そこでは，馴染み深さと親密さは単なる自然主義的なレヴェルにあるではなく，むしろとそれらの働きとその重みをすべて伝える動的な旋回運動の結果となる。生活形式の自発的な統合は，こうした人間的な出来事を描写するものであって，それゆえに，それが語られるための物語が必要なのである。

21）　*Ibid.*

5 喪失と回復──開かれたケア空間への回帰

　以上において記述したのは，痛みを伴ったり，悲劇的な体験を経験したりする日常の現実を取り戻すということである。それは，自分の身体と人間関係の現実，私たちの社会的自然環境との触れ合いであり，こうした危機，破裂，喪失，そして苦難という道を経由して取り戻される。モダニストのモデルの中核をなすのは，現実はやっかい（コーラ・ダイヤモンドが展開した発想）であって，それは耐え難く受け入れ難いということである。つまり，それを知るということは，認識の一形態であり，私たちの概念的な位置づけを再構成し，世界を再構成するということである。これは，自然のリズムを認めること，つまり，私たちの生活の現実性と正常性がそこから作られているような，信頼のネットワークと，世界との関係と交流の正常性を認めることを意味する。これらの同意のネットワークは可動的であり，その中で私たちが役割を果たし，一定の態度をとることができるのは，私たちがこのネットワークを認めている場合，つまり，暗くて脆弱で傷つきやすく，痛みを伴い，欠陥があり，恥ずべき側面を認め，単に人間であることの恐怖を克服する場合に限られる。私たちが自ら進んで自分たちから追い出したものを取り戻すことは，このような特別な意味で，私たちを自由にする。そこには自由の理論だけでなく，概念化を遠ざけるような批判的反省と規範性の理論も見出される。この規範性は，批判的で個人的な動きにとって内的なものであり，その中で私たち，個々人，集団，そして社会は幸福を追求するが，それはこうした適応や補償や欠陥のあるものの修復という形においてである。つまりそこで私たちは，亡霊がさまよっているように世界に住んでいるという幻想に抗って実存する（カヴェルが『悲嘆の競合（Contesting Tears)』(220) で書いているように，私たちが行わなければならない前進とは，世界にさまようことから，実存するに至るまでの旅や道のり，あるいはその歩みである）。

　このように素描される考え方が交差する点にあるテーマは，私たちの生活が，深刻な危機，社会的および自然的な災害，あるいは小さなほころびの後に正常性へと復帰するということである。こうした視点に従えば，正常性への復帰は，

自分自身と自分たちの関係，そして上記の環境との関係に精通した人たちが行うことのできる修復の一形態である。ここでしなければならないのは，このような認識が生じる特殊な様態を視覚化すること，つまり，亡霊のようにこの世界に住みついているのとは反対に，こうした成熟したあり方，つまり，そうした存在（existence）の形態を視覚化することである。

　痛みは現実性を薄れさせ，壊滅的な破壊はそれを完全に消滅させることもある。現実性の侵食は，信頼関係からなる現実が，弱体化または消滅することだと考えられるべきである。この関係はその存在（すなわち，そこに住む人々の存在）の合意が，幻のようになくなっていくということをうまく飼い慣らすことにかかっている。

　例えば，大きな自然災害は，共存の危機であって，そこで粉砕されるのは，単に自然に起こる依存のネットワークだけではなく，（環境や動物などの）依存を人々の生活のまさに条件とするような調和である。修復が可能であるのは，損失と苦痛の場合のみならず，災害が私たちの手の届くところに，つまり集団全体の範囲内に戻り，正常性がもたらされる場合である。つまりそれは，具体的で，死すべきものであり，脆弱で痛みを伴うという，生の諸側面を飼い慣らすことができるようになる場合にもたらされる。仮にも修復可能であるとすれば，これこそがその手段となるのである。よって，これらの手段は，私たちが依存するもの——つまり他の人々，動物，技術，自然的環境および社会環境——の性質と関係している。ここにこそ（言ってみればホッブズからルソーまでの）古典的なつながりによる政治的なコミュニティが成立するという状況を再考する企てが存する。そしてそれは，そもそも2つの別の次元にあるわけではないので，単に要求と願望に導かれる人間に立ちはだかる背景というわけではない。こうした観点から見れば，近代的な状況は，人々，動物，技術，環境が結ぶ関係の束に姿を変えていると言えよう。その例が私たちの環境への依存である。なぜならこうした状況は，私たちが因果関係のうちにあって，それに基づいて作用しているような関係性が，自分自身を変容させ，自分たちの考え方を変えるものであると考えられるからである。私たちは一手段としては環境に依存しているが，私たちを定義するのが関係の束でもあることと同様に，環境

は唯一の手段というわけではない。私たちが関係性を手段としてだけ考えた場合，人間関係は貧しいものになってしまう。しかし，私たちがこれらの関係に関する作業を通して自分自身を変えるならば，サンドラ・ロジエが主張しているように，私たちは環境に関わり，それを気遣う立場に立つことができる[22]。私たちは，道徳的な懸念と関心のための空間が開かれている関係へと，自分自身を再び位置づける。そしてこうした文脈において，現実との関係の束で私たちを結びつける知識，感情，心配，そしてケアによって育まれた，危機を修復する空間は目に見えるものとなり，その中で，知識や情緒や関心やケアという現実性の関係の束に私たちを束ねるものによって，可能な活動が培われるのである[23]。

（翻訳担当：沼田千恵・落合芳）

---

22) S. Laugier, "Care, environnement et éthique globale", in *Cahiers du Genre*, 59, 2015, pp. 127-152参照。

23) この「実在」の概念については以下の論文を参照。P. Donatelli, "Forms of Life, Forms of Reality", in *Nordic Wittgenstein Review*, 4, 2015, pp. 43-62.

脆弱な生，傷つきやすい道徳的性向

アドルノにおけるケアと資本主義的生活形式

エステル・フェラレーズ

　テオドール・アドルノは早くも1930年代に，そして，50年代と60年代にはより体系的な仕方で，道徳的性向の不安定さの理論を展開した。「ブルジョア的冷淡さ」という概念で，アドルノは，道徳的行為主体に影響を及ぼす「傷つきやすさ（vulnerability）」という社会的に生産された形式を考えるよう私たちに促している。「傷つきやすさ」は，道徳的行為主体が，他者の道徳的期待を察したりそれに応答したりすることが妨げられるような仕方で，自己や世界に関わる傾向がある，という事実から生じるものである。道徳的性向の不安定さは，道徳性の条件，特に道徳的に行為するための性向の社会的政治的無力化という絶えず存在する脅威に結びついている。

　アドルノの現象学が示しているように，ブルジョア的冷淡さは次のものを同時にもたらす。自己利益の追求から生じる他者への無関心，他者との同一化の困難，不可避であると感じられたものへの生真面目な追従，私生活の領域のみに専ら限定された経験。[1]しかし，ブルジョア的冷淡さは他者の苦しみや道徳的期待に直面した際の消極性によって定義されるだけではない。むしろ，それは「権力と歩調を合わせる用意（willingness）」[2]，そしてまるで規範に付き従うかの

---

1) Theodor W. Adorno, *Critical Models: Interventions and Catchwords*, New York: Columbia University Press, 2005, p. 195.（Th. W. アドルノ『批判的モデル集Ⅱ——見出し語——』大久保健治訳，法政大学出版局，1970年，117頁）なお，以下も同様に，邦訳があるものは常に参照したが，文体ならびに用語の統一の必要性から，適宜変更を加えている。

2) *Ibid.*（同上.）

ように，権力に服従する意志に結びついている。このように，アドルノが考察
した後期資本主義は他者へのあらゆる無条件の配慮を不可能にしたのである。

資本主義的生活形式とケアの「忘却」

アドルノによれば，この冷淡さは，システムに収斂し，凝縮する様々なメカ
ニズムから生じる。

ヴァルター・ベンヤミンに倣って，アドルノは「生きられた経験 (lived expe-
rience)」の衰退を他者への無関心の主たる要因の1つとしている[3]。十全な経験
あるいは「経験 (Erfahrung)」――歴史と個人的生の結合に根差した経験――
は，アトム化された「体験 (Erlebnisse)」あるいは素朴で孤立した経験によっ
て，つまり知的に把捉可能な生の諸断面というよりは動揺やトラウマといった
経験によって置き換えられている[4]。動揺やトラウマは，人がそれらから守られ
ていなければならないような災禍となる。特に，工場における労働の組織化は，
各人の感覚を変え，あらゆる経験から労働者を切り離し，さらには，記憶を条
件づけられた反応に，そしてノウハウを反復に置き換える。慣習はもはやいか
なる重要性も持たない。このような衰退は自己，時間，自然との関係，とりわ
け他者との関係において重大な変化を引き起こしている。

その上，後期資本主義は，それぞれ独自の存在として他者を捉える可能性の
みならず，自己自身を同様の仕方で捉えさせる可能性をも葬り去る。というの
も，資本主義的交換によって制度化されたモデルが，あらゆる客体だけでなく
あらゆる主体をも互いに交換可能な地点にまで一般化されているからである。

---

3) 例えば Theodor W. Adorno, *Minima Moralia*, London/New York: Verso, 2005, §122.
（Th. W. アドルノ『ミニマ・モラリア』三光長治訳，法政大学出版局，1979年，294-297
頁）を参照。

4) Walter Benjamin, "On Some Motifs in Baudelaire", in *Walter Benjamin: Selected
Writings*, Volume 4: 1938-1940, Cambridge: Harvard University Press, 2006, pp. 313-
355, in particular pp. 316-321.（ヴァルター・ベンヤミン「ボードレールにおけるいくつ
かのモティーフについて」久保哲司訳，『パリ論／ボードレール論集成』浅井健二郎編訳，
久保哲司・土合文夫訳，ちくま学芸文庫，2015年，249-325頁，特に251-257頁）

その質と創造の両面において，あるものはもう1つのものと比較，測定しうるのである。『啓蒙の弁証法』の中でアドルノとホルクハイマーが述べているように「ブルジョア社会は等価交換原理によって支配されている。ブルジョア社会は，同分母に通分できないものを，抽象的量に還元することによって，比較可能なものにする」[5]。交換において，非同一的（non-identical）個人は通約可能なものとなる。つまり，彼らは同一的（identical）になる。このような一般化された通約可能性は，個々人の関係がモノとモノの関係の水準にまで貶められていることを意味している。アドルノとホルクハイマーが定式化しているように，十分に機能している資本主義社会の文脈において，「存在は，加工と管理という相のもとで眺められる。一切は反復と代替の可能なプロセスに，体系の概念的モデルの単なる事例になる。動物は言うまでもなく，個々の人間もまたその例外ではない」[6]。

　この一般化した通約可能性をこのように浸透させるだけでなく，それを実現に至らしめたのもまさに資本主義的生活形式なのである。この一般化した通約可能性は，それが苦しみを徴候に変換する限りにおいて，例えば，精神分析を構造化するような知の形式を吹き込む[7]。自我の深淵は能率化され，大量生産型の商品に分類され，私の道徳的過ちは自らの従順さの証明，比較可能性を保証するために用いられる道具となる。一般化した交換可能性はまた，ブルジョア的冷淡さの影響下にある政治的諸価値や諸々の政治的語彙にも広く浸透している。正義の原理を構築するどころか，等価性として理解される限りで，平等は，無関心の原理にすぎない。さらには，平等は，特に労働市場や労働諸関係を組織している。労働者は，比較可能な客体に変容しているが，それは自らを損得の観点から分析することを可能にするためだけではない。ブルジョア的分業は諸個人が「技術的機構に合せて心身の形成をはか」[8]ることを要求しているから

5）　Max Horkheimer, Theodor W. Adorno, *Dialectic of Enlightenment*, trans. Gunzelin Noeri, California: Stanford University Press, 2002, p. 4.（M. ホルクハイマー『啓蒙の弁証法』徳永恂訳，岩波文庫，2007年，30頁）

6）　*Ibid.*, p. 65.（同上，183頁）

7）　*Minima Moralia*, §38.（前掲書，79-81頁）

8）　*Dialectic of Enlightenment*, p. 23.（前掲書，67頁）

でもある。

　独自性を消し去ること，市場に適し，また常に市場によって道具化されている人間を造ること，さらには人間とは区別され，また対立するものとして自然を仮定すること，このような交換形式の一般化は他者へのあらゆる配慮を不可能にする。

　そして，アドルノは，冷淡さをもう1つの論理に度々結びつけている。それは自己保存の論理であり，冷淡さはそれと不可分である。彼によれば，自己保存や自己利益の保全への衝動は資本主義社会の原理であり，主体を要請する人間存在の原理である。資本主義的生活の文脈において，主たる本能としての自己保存は命令であり，制度でさえある。つまり，それは行為の唯一可能なあり方なのである。そして，その相関物は冷淡さである。現実に対する感覚の調合，力関係を正確に評価し，他者に適応し，無慈悲でもある能力を求める自己保存は，他者へのあらゆる配慮，そして自己自身以外の存在への一切の気遣いを消滅させる。

　これらの性向の総体から，互いにとってせいぜいのところ手段でしかない個人が出現する。その手段というものは，所与の目的の観点からなされる戦略的計算に見出せる。交換形態，「体験（*Erlebnisse*）」の一般化，自己保存の命令への道徳意識の従属，これらのことすべてが諸個人の評価——尊敬と注目の度合い——を決定し，社会は，連帯できず，「彼らが現実に類に依存しているということ，およびあらゆる彼らの意識の形式と内容の持つ集団的側面」に「頑強に抵抗している」分裂したモナドから成り立っているのである。ホルクハイマーもさることながら，アドルノにとっても，自己との関係と他者との関係のかかる倒錯は，他者の苦しみを感受する能力の無力化や，他者の悲しみや苦痛への無分別といった特殊な形式を取っているが，この無分別というものは，当事者にとっては，成長のための1つの条件なのである。すなわち，「積年の自然

<hr>

9)　*Critical Models*, p. 275.（前掲書，56頁）
10)　Theodor W. Adorno, *Negative Dialectics*, trans. E. B. Ashton, London: Routledge and Kegan Paul, 1973, p. 312.（Th. W. アドルノ『否定弁証法』木田元・徳永恂・渡辺祐邦・三島憲一・須田朗・宮武昭訳，作品社，1996年，379頁）

支配，医療技術やそれ以外の技術は，そういった苦しみを覆い隠す眩惑から，その力を汲み取っている。それらは，忘却によって初めて可能になったのではなかろうか。科学の超越論的前提としての，記憶の喪失」[11]。

忘却の観念を理解すること

アクセル・ホネットのアドルノ解釈に従えば，他者への配慮の脆さはまず何より「意識的忘却 (unlearning)」の可能性から来るものであるが，その一方で，他者への配慮自体は，常にすでに存在し，世界との関係形成の可能性の条件である。2000 年代の著作において，ホネットは「承認」を，世界との私たちの関係の主たる形式として定義している。ホネットはその際，ジョン・デューイの参加，ルカーチの実践，そしてカヴェルの承認といった概念を参照しているが，とりわけ彼はアドルノから次の考え方を引き出している。「模倣的行為——もとよりアドルノにとって愛情に満ちたケアの情動を指すものであった——を通じて初めて，私たちは分別の能力を獲得するのである。というのも，私たちは，他者の模倣を通じて徐々に，世界に対する他者の観点に馴染むことを学ぶからである」。このプロセスを妨げることは，他者との関係に深刻な認識上の歪みを生じさせることにつながる。「彼にとって，物象化とは，交換規準に則り，その意義が模倣を通じてもともと現れていた他者の意図や願望の観点から世界を認識する方法を意図的に忘却する人間の「再中心化 (recentering)」を意味する」[12]。

常にすでに存在するものとしての愛，そして資本主義的生活形式 (form of life) によって無力化されているものとしての愛といった解釈の根拠は，アドルノの「身体的衝動」の観念に見出せるだろう。この「身体的衝動」は，他者の「痛みを覚えうる身体 (tormentable bodies)」との連帯として定義されるものを

---

11) *Dialectic of Enlightenment*, p. 191.（前掲書，476 頁）

12) Axel Honneth, "A Physiognomy of the Capitalist Form of Life: A Sketch of Adorno's Social Theory", *Constellations* 12 (1), 2005, p. 55.（アクセル・ホネット「資本主義的生活形式の観相学——アドルノの社会理論の素描」宮本真也訳，ホネット『理性の病理——批判理論の歴史と現在』出口剛司他訳，法政大学出版局，2019 年，97 頁）

生じさせ，それ自体あらゆる身体的苦痛の阻止を命ずるものとして姿を現す。アドルノは「「痛みを覚えうる身体」との連帯感[13]」を示すことを私たちに求めているが，そのような連帯は身体の苦しみの嫌悪からも生じてくるのである。この嫌悪は，道徳的行為に内在するような「身体的衝動」として理解されなければならない。クリストフ・メンケが強調しているように，この衝動は，合理主義的道徳論が呼ぶところの「動機（motive）」ではない。アドルノは，道徳的諸命題に従わんとする衝動ではなく，むしろ，それ自体が衝動であるような道徳的諸命題について語っているのである。この道徳的諸命題が示すのは，出来事の「報道（report）」やその知覚に反応する，ある種の「自発的感情（spontaneous emotion）[14]」という道徳的知識である。

　にもかかわらず，アドルノはそのような衝動の無力化という診断を下していない。ただ彼は，社会的に制度化され十分に機能した倫理的生活が欠如する場合，その連帯を涵養するための条件は存在しない，と危惧している。私たちの社会的生活環境は，他のあらゆる環境に存在するであろう「自然な」道徳的性向を窒息させることによって，ブルジョア的冷淡さを生み出すのではない。むしろ，第2の偽りの（falsche）自然——さもなければ他者への配慮形式を含み持っていたであろう——を構築することによってブルジョア的冷淡さを生み出すのである。歴史的過程と資本主義社会固有の実際の活動によって生み出された人間の「本性（nature）」は，他者への責任感覚を導く配慮の形式を含んでいない。まったく反対に，かくて生み出された「本性」は無関心を引き起こす。

　アドルノは度々，直接性（immediacy）の錯覚に警鐘を鳴らしている。あらゆる経験は社会的に媒介されており，資本主義的生活形式が私たちの行動を遮るような自我の内なる核など存在しないのである。

　言い換えれば，直接的な愛は存在せず，社会的に媒介されていないような他者への関心も存在しない。「おそらく，短い時期を除き，ごく少数のグループを除く，すべての人々が羨望する人間間における温かさとは，少なからぬ平和

---

13)　Theodor W. Adorno, *Negative Dialectics*, p. 286.（『否定弁証法』346頁）
14)　Christoph Menke, "Virtue and Reflection: the Antinomies of Moral Philosophy", *Constellations* 12（1），2005, p. 39.

的な未開人の間においてすら，今日に至るまでそもそもいまだ存在することがなかったものかもしれない。それは悪名高い空想主義者が見て取ったところである。シャルル・フーリエはかくて，人間にふさわしい社会秩序を通して初めて，かの魅惑する力は確立されるべきであると，定義したのである」。[15]

アドルノの診断を更新する——頑強な道徳的性向の時代？

この15年の間，資本主義の情緒的次元の出現を証明すべく，多くの研究がなされている。その情緒的次元とは，もはや冷淡さを要求せず，代わりに，剰余価値の蓄積があらゆる労働者の主体性の感情の動員に基づいていることを指している。この議論の提唱者は，正規雇用形態，非正規雇用形態の双方の場面で増大する，労働者の身体的従事を描出している。この身体的従事は，仕事を遂行し，職場での働きぶりを保証する際の，感情の操作と道徳的資源の活用に付随して起こる。

ここで私は，次のテーゼを擁護しようと思う。すなわち，強固な資本主義という存在は，道徳的性向を記述するものの，誤った対象へ向けられる限りで，実際の道徳的主体化の諸メカニズムの多元性を閑却してしまうがゆえに誤りである，というテーゼである。

今日，私たちの生活は不安定になる一方で，道徳的性向それ自体は不安定ではない，あるいはもはや不安定ではなくなっているようにも見える。

彼らの共著，特に『マルチチュード』の定義の文脈において，マイケル・ハートとアントニオ・ネグリは，私たちの時代に特徴的な，根本的な不安定さを下支えする生産の非物質的様式が，等しくみな独自の存在である各人の主体性の社会的生産と商品生産の区別を非常に困難にしている，と主張している。労働者を無機物にすぎないものへと転換すべく彼らを社会関係から引き離すのではなく，現代資本主義は，情動によって動かされる間主観性の活発な形式を据えたと考えられるのである。事実，このような発展は，ケア，養育，教育とい

---

15) *Critical Models*, pp. 201-202.（前掲書，130頁）

う人間関係に関する職業に対して与えられている重要性に示されている。非物質的労働，すなわち，「知識や情報，コミュニケーション，関係性，情緒的反応といった非物質的な生産物を創り出す労働[16]」はそれ自体ほとんど常に「感情労働」に基づいているが，それは，安らぎや満足，熱中の気持ちのような情動を他者に誘発したり操作することを含意する。この感情労働は他ならぬ社会関係と生活形式を生み出す[17]。これが，ネグリとハートが積極的な変容を生み出す潜在力を感情労働に与えている理由である。その論理に文字通り従って，常に単独の諸個人間の協働（collaborations）に絶えず関わる非物質的労働は，「マルチチュード」の構成的権力のための基礎を築く。ハートとネグリは次の診断に基づいて解放の地平を仮定する。その診断とは，非物質的労働——このモデルは，アドルノが観察した，無関心でたがの外れた主体を度外視する——は，質的な観点から見て，支配的になっている，すなわち，感情労働は，他の労働形式，とりわけ産業労働に対してもこの傾向をもたらしてきている，というものである。

　より悲観的な議論において，この考え方は次のように提起されている。すなわち，資本主義の金融化やそれ特有の管理形式，とりわけ際限なく主体の能力を要求する傾向においてもたらされた労働条件の劣悪化は，私的領域，職業的領域，公的領域の境界のみならず，戦略的行動と他者に対する態度の間の境界をもぼかす，と。アクセル・ホネットが強調しているように，「「起業家型従業員（entreployees）」は外的に課された生産割当量に忠実に従うことのみならず，多かれ少なかれその目標設定に責任を負うべきプロジェクトを達成するために，コミュニケーションや感情のスキルや資源を用いることをも期待されている[18]」。経済的至上命題と友人関係が相互に深く浸透し合うだけでなく，労働者も，他

---

16)　Michael Hardt and Antonio Negri, *Multitude: War and Democracy in the Age of Empire*, London: Penguin Books, 2004, p. 108.（アントニオ・ネグリ／マイケル・ハート『マルチチュード（上）——〈帝国〉時代の戦争と民主主義——』幾島幸子訳，水島一憲・市田良彦監修，日本放送出版協会，2005年，184頁）

17)　*Ibid.*, p. 110.（同上，186頁）

18)　Martin Hartman, Axel Honneth, "Paradoxes of Capitalism", *Constellations*, Vol. 13, No. 1 (2006), p. 49.

者と世界から「真正な（authentic)」利益を引き出すよう煽られている。この真正な利益のために，彼らは自ら進んで身を捧げるのである。というのも今日，労働者は自らの仕事との関係を，必要性や社会的義務の遂行としてではなく，自己実現の主たる媒体として理解しているからである。

　また，共感の限定的で規格化された活用，あるいはより正確に言えば，社会空間において共感を用いる量と質の不平等な配分を強調することも可能である。労働の組織化は一定の共感を不可能にする（例えば，それが同僚の運命に対する無関心の感覚を生み出す場合）と同時に，正当と認められた用途として共感を活用することもある。例えば，他の人々や集団の特性や所有物（properties）に感情移入させるような場合など。現代資本主義は，他者への配慮を不可能にするどころか，同僚というよりはむしろ，上司との協力のために，そして和解と衝突回避のためにも共感を求めるのである。[19]

　エヴァ・イルーズは，『冷淡な親密さ——感情資本主義の形成——』においてより体系的に，資本主義の現在の形式を「感情資本主義」と定義している。彼女は「感情資本主義」を「感情と経済それぞれの実践と言説を相互形成する文化，そして，情動が経済活動の本質的な部分となり，情緒的生活——とりわけ中産階級の生活——が経済関係と交換の論理に従う，広大で包括的な運動を生み出すこと」[20]として理解している。エヴァ・イルーズの研究はアドルノの診断と大きく異なっている。というのも，彼女にとって，資本主義的労働の世界は，感情を欠くどころか，協力の至上命題によって要求されているある種の感情で常に満たされているからである。[21]とはいえ，彼女は30年前に始まった1つの変化を的確に指摘している。それは，共感が，社会関係を形成維持する能力を反映するがゆえに，感情的知性（emotional intelligence）の名で「職業的能力

---

19)　Alexis Cukier, *Pouvoir et empathie: philosophie sociale, psychologie et théorie politique*, Unpublished PhD thesis, Université de Paris-Ouest Nanterre, 2014. 特に以下の箇所を参照。pp. 375-411.

20)　Eva Illouz, *Cold Intimacies: The Making of Emotional Capitalism*, Cambridge: Polity Press, 2007, p. 5.

21)　Eva Illouz, *Saving the Modern Soul: Therapy, Emotions, and the Culture of Self-Help*, California: University of California Press, 2008, p. 81.

(professional competence)[22]」として次第に看做されるようになってきたことである。そして，この意味で，感情的知性は職場における労働者の評価軸となっているのである。この現象は，親族や友人との関係にも影響を及ぼしている。すなわち，感情がこの能力の観点から仕立てられた親密な関係の領域を構成するに留まらず，市場も，情動性を解釈し表す諸カテゴリーを供給するのである。それゆえ，他者への配慮は，資本主義のもとでの労働の世界，市場，社会関係の機能において，ある重要な要素を構築しているように思われる。

　道徳的性向の文化と現代資本主義の拡大の混交というこのテーマがますます影響力を有するようになっているが，次のことを強調しておくことは必要であろう。すなわち，資本主義は今日，確かに，感情の――とある感情の，とある環境における，とある目的に向けた――道具化や方向づけを通じて機能しているが，これらの性向の不安定さというテーゼの部分的な見直しを必要としている，ということである。これは，クリストフ・ドゥジュールの著作が明快に論証していることである。彼の著作は，終わりなきテストと評価という環境が，いかに「汚い仕事(dirty work)[23]」――すなわち社会的不平等の製造――へ素直に従事させ，職場における他者の苦しみに対する感性の欠如の一般化を許しているか，を明らかにしている。個人の振る舞いの絶えざる評価は，逞しさ(virility)と他者に暴力を加えうる能力の間の等価性に，その有効な補完物を見出す。無関心は性格の強さと集団的責任の感覚の証である。同様に，指導者の「道徳的適性(moral fitness)」――イルーズに従えば，心理学者らが感情的能力として打ち立てたもの――は，他者から一定の距離を保つことによって遂行される自己管理の形式を必要とするが，同時に，他者と協力する指導者の能力を証明する共感と友好的な態度をも必要とする[24]。

　そして，次のような，より根本的な議論もなされなければならない。自らの協力の度合いを高め，信頼を与える能力を証明し，各人の独自性において自ら

---

22) *Cold Intimacies*, p. 22.
23) Christophe Dejours, *Souffrance en France. La banalisation de l'injustice sociale*, Paris: Seuil, 1998.
24) *Saving the Modern Soul*, p. 82.

のチームのメンバーのニーズを理解することを目指す感情労働が，他者への関心の感覚を強化することのような，ある種の道徳的知識の活用を求めていることは疑いない。にもかかわらず，アドルノのみならず，ケアの倫理の言葉をも借りれば，他者への配慮は，他者のニーズと苦しみへの配慮，として定義されるべきであろう。行為することと不可分なこの配慮は，他者の苦しみに終止符を打とうとする。この個別のものへの配慮は振る舞いに現れるが，外部化，具体化される意識の中に先在している道徳的内容という意味においては，表現されないものである。要するに，それは振る舞いの中にのみ存在するのである。もはや，資本主義の感情的時代——ここで考察されている情動が，他者の立場に身を置くよう促している時でさえ——は資本主義的生活形式における一般化した無関心の終焉を証明するだけでは十分ではない。まったく逆なのである。

　さらに，感情資本主義に関する現代の研究は，ノウハウが親密な関係に悪影響を及ぼすようになる様態と同様，職場，特に企業内の関係における道徳的感情の動員に焦点を当てている。言い換えれば，「ブルジョア的冷淡さ」の支配を説明する際にアドルノが見出したその諸要因のうち，ここで引用した種々の著作は自己保存のみを対象としている。事実，それらは，道具的行為と他者への配慮の間の曖昧さを特徴とする資本主義の側面を記述することで，生き延びるか滅亡するかというブルジョア社会を構成する二者択一，とアドルノとホルクハイマーが呼んだものの変化を明らかにしている[25]。しかし，アドルノの分析とは異なり，この二者択一は今や，感情，特にその中でも，共感の諸形式を動員する仕方で生み出されている。感情資本主義の提唱者らは，アドルノが資本主義的生活形式，すなわち「生きられた経験」の衰退，通約可能性，交換可能性を明証する試みにおいて考察した他の諸次元を考察しないか，あるいは言及さえしていない。今，「生きられた経験」は，物事や出来事のあらゆる側面に私たちを向き合わせる追憶と期待の現象からなる経験というその意味において，1930年代の工場労働に付随して生じた技術革新による激動よりも，現代の労働関係の数値化された組織構造によってはるかにいっそう衰退している。ハル

---

25)　*Dialectic of Enlightenment*, p. 23.（前掲書，68頁）

トムート・ローザは著書『加速化』の中で，「経験」が，いかなる痕跡も残さない束の間の経験の純粋な連続によって置き換えられていることを立証している。彼は，経験が「期待を束ねる力をほとんど持っていない」私たちの時代状況を記述している。ローザにとって，個人と集団の双方の次元において，「いわゆる組織化のための自律的空間が宿命的な袋小路という不活発な空間に転じるようにして，過去，現在，未来の間の結びつきが，個人的にも政治的にも，絶たれている」がゆえに，私たちの現代という時代は，社会的加速化によって特徴づけられるものなのである[26]。独自なものの液状化――アドルノによれば交換形式によって生じるのだが――に関して言えば，それは際限なく拡散している。今や社会科学における一般性へのフェティシズムや，数量化する仕事への情熱は留まるところを知らず，一般化した通約可能性そのものは，評価という企業の内外で発展している無数の現象を通じて，倍加され，洗練されている。

結　論

　共感の次元に突入したであろう現代資本主義の発展とは別に，現代社会に迫るべくアドルノの観点を用いることは，他者の苦しみとニーズを絶え間なく「忘却する（forget）」無頓着な主体の製造を明るみに出す点で有益である。近年，ケア倫理が示しているように，女性は相変わらず道徳的感情という剰余価値を高めるよう促されている。この剰余価値は無報酬あるいは低報酬でのケア労働を保証するが，このケア労働はたいてい社会保障形式を約束する，権利，資源，保護を欠いているのである。その上，この剰余価値はジェンダー化された「倫理的」消費の急増を強化している。換言すれば，女性を主題とするこれらのカテゴリーの中でも，ケアへの性向は根本的冷淡さの傷口を塞いでいるが，このケアへの性向は，それが市場――労働市場と商品市場の両方――とその可能性の条件にとって価値を持つ諸形式に限定されている。

　資本主義と（そのジェンダー化された分配において）それ自身両立することを明

26）　Harmut Rosa, *Social Acceleration: A New Theory of Modernity*, trans. Jonathan Trejo-Mathys, New York: Columbia University Press, 2015, p. 296.

らかにすることでむしろ，他者への配慮は，アドルノが忘却したものを思い描くよう私たちに迫っている。すなわち，一般化した通約可能性は，通約不可能性あるいは独自性と無関係ではないということである。なぜなら，一般化した通約可能性は，通約不可能性や独自性を強化しうるからである。換言すれば，資本主義は，独自性が特定の他者だけでなく，個別具体のニーズや自己自身の苦しみへの配慮を内に含む形式において，通約不可能性と独自性を通じて自らを強化することが可能である。この独自性は今述べたプロセスにおいて解消されることはないのである。しかしながら，この強化自体は，特定の仕事，領域，さらには非常に限定されたジェンダーに配慮を制限することに立脚しているのである。

　最後に，次のことが指摘されねばならない。それは，このように完成された道徳的主体化は今日——男性女性問わず——ケアや情緒という美辞麗句で飾り立てられている。というのも，冷淡さは今や表現されえないし，態度に表しえないからである。このことは「連帯」の隆盛が描き出している通りである。それは，社会的ネットワークを余すところなく覆い，承認を目的とするインターネット上での自己呈示という形式を構造化している。しかし，賃金関係が専ら自己保存と他者の忘却の至上命題によって構造化される時でさえ，連帯は，管理にとって必要と考えられるそれらの能力の中でも，とりわけ他者の立場に身を置く能力が特別視されることで，機能を停止する。アドルノが目にすることができなかったこのレトリックは，ジジェクが主体化の一形式としての呼びかけ（interpellation）の観点から記述しているものから生じてきているように思われる。この主体化の一形式としての「呼びかけ」は，呼びかけられた主体が自らを人格的存在として十分に認識する限りで成功する。ジジェクは指摘する。誰かが実際，次のように呼びかけるとしよう。「私は，自分が社会的世界に占めている場所に応じて承認されている。しかし，注意せよ。私はそれだけではなく，それ以上の者である」。ある主体が自らに対しこの言説を生み出す時，その言説の中に，呼びかけの失敗ではなく，反対に，その最も見事な成功の最も確かな徴候のしるしを聞き取らねばならない。²⁷⁾ 私の「冷淡な」主体化が完全に成功するのは，まさに他者のニーズに対し思いやりがある者——そしてその

ように承認される者——として自己呈示するがゆえである。道徳的性向の不安定さはこの偽りによって完成される。

（翻訳担当者：和田昌也・落合芳）

---

27) Slavoj Zizek, *The Ticklish Subject: The Absent Centre of Political Ontology*, London/New York: Verso, 1999, p. 258.（スラヴォイ・ジジェク『厄介なる主体〈2〉政治的存在論の空虚な中心』鈴木俊弘・増田久美子訳，青土社，2007年，31-32頁）

第 Ⅲ 部

生活形式の多様性

.

トランプ時代における無知学，ルサンチマン，傷つきやすさ

アリソン・コール

　本章では，傷つきやすさ，ルサンチマン[1]，無知学 (agnotology)[2] の間の関係について論じる。これらのトピックスはいずれもこれまで思慮深く分析されてきたとはいえ，それらの交差を，あるいはそれらのトピックスが現代政治学において，実際に，それらがいかに相互にとって構成要素となるかについて，検討している学者はほとんどいない。「無知のエピステモロジー（EOI）」についての調査報告書は，例えば，特権的地位にいる人々の間に，より恵まれないグループから表明された傷つきやすさ，つまり脆弱性 (vulnerability) についての主張への無関心を発生させるのが，人種と他の社会的な階層制度を補強する体系的な無知蒙昧だということを暴露した。最近のアメリカ合衆国や（ヨーロッパのような）他の場所での政治的出来事は，もう1つの原動力を示唆している——いかにして脆弱性の条件が知識としての知識，その諸制度とその諸手順に対する反感と同じぐらい，ルサンチマン（人種，階級，ジェンダーへの嫌悪を含む）によって育まれた無知の政治制度を形作りうるのかということだ。ここでは，傷つきやすさとルサンチマンと無知のこの結びつきを，「ルサンチマンに満ちた無知論理 (resentful agnotologics)[3]」と称する[4]。以下において，私はそのテクノロ

---

1)　（訳注）本章では，恨みと憤慨を意味するresentmentの訳語としてはルサンチマンを用いるが，ニーチェの〈ルサンチマン (ressentiment)〉にはカッコをつけて示すことで，関連を明確にするとともに区別する。

2)　（訳注）原著者の教示によれば，無知学とは，文化的に誘導された無知や疑い，とりわけ不正確ないしは誤解を招く科学的なデータについての研究を意味する。

3)　いかにして無知が文化的に導かれ，維持されうるのかということを強調するために，ロ

ジーと変容を論ずることから始め，それに加えて，この無知の形態が「罪のない無知」（Mills, 2007），「認識の無責任」（Code, 2014），そして「脆弱性の無知」（Gilson, 2014）のような類似した発見的過程とはどのように異なるのかということを論じる。

　ドナルド・トランプの政治的優勢が私を介入へと駆り立てる一方で，私の狙いは彼の選挙での成功を説明することではないし，あるいは彼の大統領職の針路を予測することでもない。むしろ，私はトランプ主義を政治，知識，感情の合流を新たに検討するための緊急の挑発としてみている。ネオリベラリズムの「残酷なオプティミズム」（Jaggar, 1989; Berlant, 2011; cf. also Ngai, 2005; Ahmed, 2010）へのカウンターパンチとして否定性のアーカイブを捜しまわってきた人々に敵対するという目論見のために，トランプの選挙戦は「無法者の情動」を爆発させた。トランプは，ポピュリズムとネオリベラリズムの中毒性の混成物を培養するために，あるいはウィリアム・コノリーがそれを「上昇志向のファシズム」（Connolly, 2017）と呼んでいたように，説得力のあるペシミズムと不確かさの霧〔混迷〕を植えつけた。トランプはまた，無知の複雑な下部構造を念入りに作り上げることに貢献した——つまり，混乱を引き起こし，誤報の発生源となり，考えないことを推奨し，反＝知識の独創的な諸形態を捏造した。例えば，アメリカ中央軍本部での，2017年2月上旬の彼のコメントを考えてみてほしい。

　　あなたたちはパリとニースで起こったこと〔2015年・16年にフランスで起こ

バート・プロクターの新語「無知学」に基づいた1つのバリエーションを私は選択する。とはいえ，私は（不確かさを生み出すことを強調する）無知学と（自ら進んで目を閉ざすことを力説する）EOIの橋渡しをしようとするのであり，したがってこれらの用語を交換して使う。ルサンチマンに関しては，ルサンチマンを他のネガティヴな情動や感情から区別するものは不正だと主張することだという，トーマス・ブラッドホルムの洞察に私は依拠する（Brudholm, 2008）。

4)　（訳注）筆者によれば，「ルサンチマンに満ちた無知論理（resentful agnotologics）」は筆者による造語であり，この語により示されるのは特別な形態であり，トランプ政権下で露になっているのをわれわれが見るような，無知の新しい形において作動している論理であると同時に感情的な動機づけである。

ったテロ〕を見てきた。ヨーロッパ中でそういうことは起きている。報道されていないところでさえ，それは問題の核心を突いているのであり，多くの場合，とてもとても不正直なマスコミは，それを報道したくないのだ。彼らには，彼らの理由がある，そしてあなたたちはそれを分かっている。[5]

ごちゃ混ぜになった4つのセンテンスで，彼は差し迫った脅威の不安材料を増幅し，ジャーナリストが情報を隠蔽していると述べ，彼らがそうしているのはアメリカの敵と共謀しているからだとほのめかし，そして，さらには彼の支持者たちが，いかなる裏付けのある証拠もないにもかかわらず，このすべてを直観していると言い放つ[6]。

ルサンチマンに満ちた無知論理のトランプ・ブランドの下準備は，彼が表舞台に現れるずっと前からなされていた——インターネットをベースにした表現の手段（ブログ，ツイッター，フェイスブックなど）の増殖によって促進された情報市場の断片化，競合するプロの，制度化した情報整理者〔ゲートキーパー〕を引きずり降ろすこと，ニュースとエンターテイメントの境界を霞ませること，政治的・文化的区分に沿って細分化された知識のコミュニティーを隔離した「バブル」現象，そして，科学への攻撃（おそらく，誰にでも分かるひどいものは気候変動の却下だ）から，「メディア・エリート」に対する右派の正面攻撃や，左派のポストモダンにインスパイアされた知／権力と統治術についての不信（真実の構築性を暴く努力と結合している不信）に至るまで，下準備がなされていたのである。これらの変質が彼の就任に先立って起こっていたとはいえ，個人的

---

5) https://www.whitehouse.gov/briefings-statements/remarks-president-trump-coalition-representatives-senior-u-s-commanders/

6) トランプの不明瞭さは，彼が建設する無知の壁の1つの層である。この男は稀にしか完全なセンテンスあるいは思考全体を伝達せず，しばしば大っぴらに政府の組織や機能について，そしてアメリカの歴史についてさえ彼の基本的な知識が欠けていることを露呈する。例えば，トランプは19世紀のアフリカ系アメリカ人の指導者フレデリック・ダグラスについて，「見事な仕事を成し遂げた人で，ますます評価されるだろう，ということに気づいた」(Graham, 2017) と言及していた。トランプはこの歴史的人物があたかも士気を上げるために賞賛を必要としている自分の会社の一従業員であるかのように話した。

な大騒ぎ，誇張，歪曲，公然の嘘，彼自身の以前の地位とコミットメントについて繰り返される否認，フェイクニュースと「オルタナティヴファクト〔もう1つの事実〕」の正当化，ジャーナリストに対する容赦ない攻撃，議論の余地のない証拠の却下を絶え間なくばらまくことによってであれ，あるいは彼がホワイトハウスを占拠してからほどなく，政府諸機関や公報で彼のアジェンダに一致しないものを検閲することによってであれ，トランプはこの「ポスト・トゥルース」文化に新たな生気を吹き込んだ。[7]

　チーム・トランプが国民を混乱させるために誤報を意図的に利用していようとなかろうと，結果は同じである——そこら中にはびこった混乱はごまかしから特に影響を受けやすい相対主義の1つの形に道を譲る。トランプの就任演説に集まった聴衆の規模についての馬鹿げた騒動の後で，例えば，サマンサ・ルークスとブライアン・シャフナーは，2009年と2017年の就任式の航空写真を解答者に提示し，どちらの画像の方に人が多かったかと質問した。2人はトランプ支持者の7分の1がトランプの就任式——列席者はより少ない——の画像の方に人が多かったと言い張ったことを発見した（Luks and Schaffner, 2017）。政治心理学者たちは，これらの結果を徒党バイアスの表現として説明するが，より多くのことが議論されるべきである。

　レーガノミクスとは違って，ルサンチマンに満ちた無知論理は，上からのトリクルダウンだけではない。エリートによる操作は役割を果たすが，それはまた下からどっしりと支えられている。コアなトランプ支持者たちは，彼のチームによって唱えられた誤伝，見当はずれの主張，無数の矛盾，納税申告書を公開した彼の失敗については言うまでもなく，攻撃的な言明と振る舞い，潜在的な倫理違反，受け入れられている規範やプロトコルに対する他の異議申し立てには，完全に無関心なようである。[8] また彼の忠実な支持者たちはそれどころか

---

7)　彼の就任からしばらくして，他の長年にわたる関心領域のうちでも，気候変動やLGBT〔性的少数者〕の権利についての情報と政府による過失は，ホワイトハウスの公式ウェブページから即座に消された。新しい政権のアジェンダとの整合性を保証するため，アメリカ合衆国国立公園局を検閲したように，彼らはホワイトハウスによってあらかじめ入念に検査されていない情報を公開することをいかなる政府組織に対してもさらに禁じた。
8)　サリナ・ジトーは2016年に選挙後に大いに繰り返されたある観察を提供した（Zito,

彼の性的な不品行についても知らないだろう。生殖器をわし掴みにすることを自慢するビデオテープについて彼が審理された後，女性たちはセクハラと強姦で彼を告発して出てきたが，トランプは選挙遊説の集会で反撃を切り出した。彼の支持者たちはそれについて何も知らないだろうし，「われわれは気にしない！」と叫び応答していた。「政治的に正しい」感受性を平然と無視し――エリートたちがトランプを批判するのに使う行為の規範やスピーチで，彼の支持者たちは個人的に自分たちも蔑まれていると考える――，トランプは彼らの信用をセメントで固めた。公衆の面前で話している時に，トランプはしばしば即興で「私を信じろ」と付け加えるのであり，彼らはそうするのだ。

　ポスト・トゥルースの文化やEOIへの平凡なアメリカ人の参加は，〔雇用の〕不安定やルサンチマンの強い意味と混ざり合う。それによって不満が無知へと至る，あるいは不満が無知から帰結する1つの因果関係があるのではなく，無知とルサンチマンと傷つきやすさは相互に構成要素となっている。いく分は慣例的な形式，制度，知識の論拠が国民の脆弱性をもたらす要素としての特色であり続けているために，ルサンチマンは知ろうとしない意志の1つの典型的な要素である。知識の生産者――学者，ジャーナリスト，科学者でさえも――抑圧的なシステムにおける主要な当事者と見なされているのであり，かくしてデータを実証する時に用いられる専門的判断と，慣例的な手続きはすべて疑わしいものとなる。それゆえ，トランプが彼の内閣に個人的な人選で職員を置くのは驚くべきことではないし，彼らの多くにはそれ以前の経験がなく，彼らが今

2016）。トランプのことを憂慮する人たちは彼〔の言い分〕を真剣にではなく，文字通りに受け止めているのであり，他方で彼の支持者は彼〔の言い分〕を真剣に受け止めていて，文字通りに受け止めているのではない。巧みに配されていて，洞察に満ちてさえいるのだが，この「文字通り／真剣に」という区分は彼の有権者たちが事実を軽視し，そしていかにしてチーム・トランプがこのオルタナティヴな現実に積極的に支持を取り付けようとしているかということを考慮の外に置く。重要なこととして，ひとたび就任すると，この新しい大統領は，彼の最も論争的な選挙公約のいくつかを実行する膨大な大統領令にさっさとサインした。例えば，合衆国にイスラム教徒が入ってくるのを妨げようとする入国禁止令や，メキシコとの国境に3,200キロメートルにわたる壁を建設する計画（誰がその勘定を払うのかにはお構いなく）のことである。

9)　http://www.cbsnews.com/videos/trump-supporters-we-dont-care-about-groping-allegations/

率いている機関についての基礎的な知識さえない。トランプの世界観と個人的なアジェンダに異議を唱える情報は，彼のフォロワー〔信奉者たち〕に対するのと同じくらい彼に対する侮辱として位置づけられる。アメリカ人たちに入国禁止令の不認可を強く提案する研究への応答で，トランプは「否定的な世論調査は，ちょうど選挙でのCNN，ABC，NBCの世論調査のように，どれもフェイクニュースだ。申し訳ないが，人々は国境警備と厳しい入国審査を望んでいる」とツイートした。彼は気に食わないデータを事実上の誤りとして反射的に却下した。

　明らかに盲目的な支持がトランプの勝利を保証した。彼についてのネガティヴな見解が何であれ脇にやり，共和党登録者たちの多くが彼にはその任務に就く資質がないことを隠し，無視して，彼らの政党の候補者に投票した。投票場の出口調査が示しているのは，トランプがどの有権者のカテゴリー——富裕層，女性，福音主義者——においても，2012年のGOP〔Grand Old Party 共和党の愛称〕の候補者を上回っていたということだ。彼はまた前回の選挙ではオバマに投票した白人労働者階級の人々の票をも得た。結局のところ，彼の選挙人団は，

---

10) 3つだけ例を用意する。2012年の自身の大統領選挙において，エネルギー省は廃止するべきだと提案していた，前テキサス州知事のリック・ペリーは，エネルギー省長官として務めるようにというトランプの指名だった。自分の指名承認公聴会の間に，ペリーはエネルギー省の目的をその地位に推薦された後になってからしか知らなかったということを認めていた。同様に，教育長官のベッツィ・デヴォスは，上院での彼女の指名承認公聴会で公教育について何も知らなかったことをあきれるほどはっきりとさせた。住宅都市開発省のトップにトランプが選んだ，ベン・カーソン博士は，神経外科医で，この機関について子供の頃に〔低所得世帯向けの〕公営住宅団地に暮らしていたことからしか知らない。

11) https://twitter.com/realdonaldtrump/status/828574430800539648?lang=enに見られるツイート。たいていの世論調査はトランプの勝利を予測しなかった。これが誤差の範囲だったのであれ，サンプリングの問題だったのであれ，「まだ決めていない」と主張していた人たちは実際にはトランプに入れると決めていたのだし，あるいはこれらの要因のすべてのいくつかが組み合わさったことで，トランプは批判的な者や反対する者は何でもペテンとして拒否する。その就任以来，彼は大規模な抗議行動が怒れる市民ではなく，金で買われたプロフェッショナルによって組織されていたと主張しさえする。

12) 「白人労働者階級」を一般化することはきわめて危険なものである。トランプがオバマに投票した白人労働者階級からより多くの票を受け取ったかどうかという問題は，選挙区による。いくつかのケースでは，トランプはそうだった〔より多くの票を受け取った〕が，概して，年収50,000ドル以下の人々の大部分はクリントンに投票した。彼女が負けたのは，

少数の激戦州のうちのいくつかの選挙区で勝利したのだが，ほとんどのアナリストはトランプが大学教育を受けていない低所得の白人，あるいは「低情報有権者」の間で，とりわけ良いパフォーマンスを発揮したことに同意する[13]。

　このデータを考慮すれば，トランプの成功を，月並みな意味での無知の成果として説明したくなるかもしれない。特に，1つの実例を用意すると，ちょうど3分の1のアメリカ人は患者保護並びに医療費負担適正化法（ACA）と「オバマケア」が同じ政策の2つの名前であることを知らない。トランプがオバマケアを無効にすることを約束したために，トランプを支持して結集した人たちの多くが，彼ら自身のACAが出資していた医療保険が終わることに彼らがサインしていたということを理解していなかった[14]。無知は中枢となるこの後援者たちによって受け入れられているが，しかしながら，無知は主として正式の教育あるいはなおさら虚偽意識の問題ではない。それは事実性が新しい検証や有効化の形式に取って代わる重大な転換に基づいている。トランプのシニアアドバイザーのケリーアン・コンウェイの所見はこの点では好例となる。トランプが身体に障害を持つ記者を侮辱した，大いに喧伝されたビデオ映像〔選挙遊説での映像〕に対する，メリル・ストリープの批判に応答して，コンウェイは「彼の心の中にあるものを見てください」，「なぜすべてが額面通りに受け取られるのか？〔……〕あなたはいつも彼の口から発せられたことで判断しようとするのです……[15]」とわれわれに説明する。ここでは，数えきれない他の場合のように，

一方ではオバマのために投票に出かけていた有色人種やミレニアル世代の人々の間の低投票率のためであり，他方では白人労働者階級の有権者たちの間の票差で彼女は負けたからである。その分析はおおよそ3つの州のいくつかの激戦選挙区でおそらく合計80,000人（サッカースタジアム1つ分に相当する人々だ）ほどになると表明している。

13)　低情報有権者については，https://www.washingtonpost.com/news/monkey-cage/wp/2016/11/07/low-information-voters-are-a-crucial-part-of-trumps-support/?utm_term=.54bfe4df9bbb. を参照のこと。トランプに投票した人の教育に対する収入レベルについては，http://fivethirtyeight.com/features/education-not-income-predicted-who-would-vote-for-trump/ を参照のこと。

14)　https://www.nytimes.com/2017/02/07/upshot/one-third-dont-know-obamacare-and-affordable-careact-are-the-same.html を参照のこと。

15)　https://www.politico.com/video/2017/01/conway-judge-trump-by-whats-in-his-heart-not-what-comes-out-of-his-mouth-061895

コンウェイは聴衆に彼らが見聞きしたことを無視することを奨励し，その代わりに彼らが直感すると彼女が望むことをはっきりと示す——経験的知識を情感の確実性で追い出すことを奨励する[16]。

　皮肉なことに，トランプが「われわれの国の忘れられた人々はもはや忘れられることはない。今やみんながあなたたちの言うことに耳を傾けている[17]」と呼びかけた彼の就任演説で，今までのところは忘却に委ねられているが，将来有望な，幅広いアメリカの大衆を世に知らしめると称することによって，トランプはまたEOIの彼自身のバージョンのアウトラインを提供した。これらの忘れられたアメリカ人たちは——暗に——おそらく視界から隠された白人，搾取する政治家や不正直なジャーナリスト，そして他のエリートの構成員たちによって認められていない白人たちである。左派のある者たちは，トランプの成功を説明する「忘れられた人々」，すなわち「アイデンティティ政治」（この文脈では女性，マイノリティー，移民，LGBTの人々）に関わることを意味する，文化戦争，また一般に上流階級のリベラルな感受性に迎合することに忙し過ぎる民主党によって顧みられずにいるらしい労働者階級の白人たちの左派バージョンを展開した[18]。

---

16)　事実性との曖昧な関係を持つ政府はトランプの共和党政権が初めてなわけではない。ジョージ・W. ブッシュの顧問カール・ローヴは，周知の通り，「解決が認識可能な現実についての思慮深い研究……から現れる」と信じていると，「現実に基づいたコミュニティー」を嘲笑した (Suskind, 2004)。ローヴのコメントは厄介だけれども，彼はいかにして帝国が彼ら「自身の現実」を創造したかというアメリカ軍についての声明を出しているのであって，感情が〔情報の〕真実性を確定するところのオルタナティヴな現実についてではない。

17)　https://www.whitehouse.gov/briefings-statements/the-inaugural-address/

18)　実のところ，政治家やコメンテーターが政治的な範囲を超えて推測するには，トランプのコアな支持者たちは彼が仕事についてともかく「話した」ことよりも，彼の約束の空虚さについてはさほど気にしていなかった。彼らはクリントンの敗北は彼女が労働者階級を顧みなかったことにあり，中流階級の間での「すべり落ちる恐怖」を最小限に評価していたことにあるとする。今のところ実際にクリントンが経済，労働者，仕事，教育について，彼女の話した他のことの100倍の頻度で話したことは重要ではない（デヴィッド・ロバートによるクリントンの公式声明の分析の頻出語に関する分析を参照のこと (http://www.vox.com/policy-and-politics/2016/12/16/13972394/most-common-words-hillaryclinton-speech)）。彼女がどれだけ頻繁に経済的な不安定に焦点を当てていたにもかかわらず，それに向けた彼女の政治提言がいかに詳細だったかについては言うまでもないが，トラン

無知の壁

EOIを理論化した学者たちは，無知が「それ自体で実質的な認識の実践」（Alcoff, 2007, 39）であるという前提を共有している。知られていないこと，誤解されていること，あるいは承認されていないことは，ただの情報の欠如や誤りという以上に，矯正を要請するのであり，それはエピステモロジーの非常に重要な部分である。知識のように，無知は位置づけられ，積極的に培養されてきた（Tuana, 2006）。社会の諸構造が無知蒙昧を生産し，下支えするのであり，不確かさは製造され操られうるのである。ロバート・プロクターが断言するように，無知は「単なる手抜かりやズレとして見なされるべきではなく，むしろ積極的な生産として見なされるべきである」（Proctor, 2008, 8-9）。

EOIの学問分野には，「状況化された知識（situated knowledges）」（Haraway, 1988; Harding, 1991; Code, 1993, 1995）を強調したフェミニスト認識論を含む豊かな系譜がある。しかしながら，「無知のエピステモロジー」の発見的方法を最初に用いたのは，チャールズ・ミルズだった。『人種契約』（Mills, 1997）で，自由な人間の相互の合意を通した社会契約を作ったというリベラリズムの主張が，この契約から排除された人々を支配するための加盟者の間での事前同意という別のストーリーを覆い隠しているとミルズは議論する[19]。この策略を下支えするために――その上に建てられた抑圧的な構造と同じぐらい，支配的な語りを強化し，協定による契約を隠蔽する――リベラルな社会は追加の圧迫的なメカニズムを要請する。社会で支配的なグループは，それゆえ，断固として「世界を間違って見る」。社会契約が拠って立つところの基盤としての不平等を承認できないために，彼らは人種差別が別の仕方で正しいシステムの中の異常を表しているかのように見せかけている。ミルズは次のように詳述する。

プに投票すると決めた人々はそれを聞かなかったし，覚えていなかったし，気にしていなかった。

19) 性契約に関しては，Pateman, 1988（キャロル・ペイトマン『社会契約と性契約――近代国家はいかに成立したのか――』中村敏子訳，岩波書店，2017年）も参照のこと。

人種契約は，その加盟者にとって反転したエピステモロジー，無知のエピ
ステモロジー，一般に白人たちが自身で作った世界を理解できないであろう
という皮肉な結果を生み出す，局所化されかつグローバルな認識の機能不全
（心理学的にそして社会的には機能しうる）の特別な雛型を規定する。(Mills,
1997, 18)

　白人の優位性は，それを創造する時に彼らの共謀と是正するための責任や組
織の抑圧を彼ら自身から隠すことで，このEOIを維持することにかかってい
る。
　ミルズが「罪のない無知」を説明するのに対して，他の人たちは様々な無知
学に重要な着想上の改良を用意する。例えば，ロバート・プロクターは，無知
の3つの形を突き止める。第1のものは，愚かさと同様のイノセントさとナイ
ーヴさ〔単純素朴〕を取り巻く「ありのままの状態」である。それは満たされる
べき不足を示しており，そして，彼が示唆するように，ある状況下においては，
手段ですらあるかもしれない。第2のカテゴリーである「失われた王国」は，
このありのままの状態がまだ獲得されていない知識を具現化するところで，不
注意，健忘症，アパシーの結果として生ずる無知蒙昧に依拠する。つまり，蔑
まれ，顧みられずにいる情報である。最後のカテゴリーは，差し控えられ，あ
るいは検閲された情報によって，あるいは誤報を意図的にばらまくことを通し
て生み出された無知学の境界を画定する「戦略的な駆け引き」である。喫煙の
危険についてのたばこ産業の策略は，1つの実例を用意する。たばこ製造業者
はたばこを使用することの健康リスクに関する科学的発見についてはめったに
論争しなかった。その代わりに，彼らは蓄積されたデータにはまだ決着がつい
ておらず，さらなる研究を要すると論じた。気候変動についての論争でも，同
じような論法がはっきりと見られる。
　戦略的な駆け引きの目標は，既成の知識について疑いを引き起こすことであ
る。政治的なプロセスを出し抜いて，科学はそれ自体政治的なものとしてキャ
スティングされている。結局，デイヴィッド・マイケルズが観察するように，
「科学について議論することは政策について討論するよりもずっと容易でより

効果的である」(Michaels, 2008, 92)[20]。何が信用できる情報を構成しているかということと何が追加的な研究で要請されるかということについての確信がないと，反対意見が起こる見込みは大いに少なくなってくる。共有された知識がないため，集団的な討議と行動の可能性は永久に起こりそうにないものとなってしまった (Code, 2008)。プロクターの三叉の類型学は，論争を排除し，抵抗を抑圧するために，いかにして不確実性が生産されうるのかを暴くことで，無知学の諸形態を識別するのに役立つ。

　ナンシー・タアーナが彼女自身の分類学で論証するように，EOIが実行する政治的な仕事は追加的な諸形態を取りうる。タアーナは不確実性の立案者たち——知識＝粉砕者あるいは知識＝否定者——ではなく，無知な人々自身に焦点を当て，受け入れられた「知識」として通用するものの量，質，あるいは疑義を差し挟まれた性質を考慮せず，知らないという状態 (not knowing) に彼らが打ち込むことを解明する。興味，個人的な信念，自己認識はすべて知識を濾過するのに役立ち，そして時々知識を妨害するものを作り出す。ケアレスさ〔無頓着〕によって育まれた無知（「われわれが知らないということを知っているけれど知ることに関心を持たない」）はタアーナが叙述する第1のカテゴリーであり，それがわれわれに欠けていることをわれわれは認めるが，われわれの今の関心事や興味とそれとのどのような関連性をも見つけそこなっているために，学ばないことを選ぶという情報を含んでいる。無知を知らないこと（「われわれが知らないことをわれわれは知りさえしない」）はそれとは異なる。というのはそれが好奇心の不在に起因するのではなく，何かもっと知ることがあるということに気づかないことの結果なのであり，これはタアーナの第2の無知の形態を構成して

---

20)　すべての形式のデータ分析や報告は不確実なものとされうるぐらい影響を受けやすい。皮肉にも，「客観性や専門家のコードは，1つには20世紀初めにジャーナリストたちを公衆との関係という新しいフィールドの操作から解放したことを意味し，……最終的には，プロによるニュースの操作の道具として最も便利なツールの1つを立証した。もう1つの皮肉としては，バランスのコードが政党の寡頭政治的な政策の範囲の外で，新聞に新しいスペースを作ることを意味し，それが科学の経験主義における出現物として信用を発展させたことと同時に，科学的なエビデンスがそれ自体政治化されている時には，不十分な装備しかないジャーナリストを置き去りにしえた」(Christensen, 2008, 270)。

いる。彼女の第3のカテゴリーは、「隠匿された無知」（「彼らはわれわれに知ってほしくない」）とわれわれが呼べるかもしれないものである。隠匿された無知は、プロクターの「戦略的な駆け引き」に最も接近している、つまり、どちらの場合でも、情報は戦略的に隠蔽されているか不明確にされているのである。

タアーナとプロクターのそれぞれの類型学はある程度重なり合うが、タアーナは第4のカテゴリー「故意の無知」を付け加える。故意の無知（「彼らは知らないし彼らは知りたくもない」）は、自己欺瞞の機能である。われわれは断固として体系的にわれわれが対処したくない情報を無視する。隠匿された、あるいは戦略的な無知論理は他者によるデータの操作あるいは検閲を通して起こるが、故意の無知はそれ自身によって課されている。それは「特権的な地位にある人たちを汚染するような、故意に無知を受け入れることであり、他者の抑圧とその搾取におけるある人の役割を積極的に無視することである」(Tuana, 2006, 11)。権力はすべてのEOIに相互に作用するが、隠匿された、故意の無知については特にそうである。権力を持つ人々は情報のない人たちに情報を与えずにおくことができる。しばしば他の人たちの認識に関する権威を否定することで、彼らはまた彼ら自身が知らないままの状態に留まることを選ぶこともできる[21]。簡単に言えば、どのように特権が働いているかを知らないということを含めて、特権はあなたが知ろう・・・としないことを選ぶことを可能にする。

EOIのすべてのこれらの公式化は、構造的な無知の様々な諸形態とそれに伴う社会の不平等から政治的色彩を除くことを同一のものと見なすことで、われわれからはいくらか隔たっている。なお、重要なことにトランプの優勢を駆り立てる認識に関する原動力は違うようである。ミルズの「罪のない無知」の概念は、例えば、無知が無関心を生み出すことを前提とする（われわれはわれわれが承認したくないものを無視する）のであり、無関心はヒエラルキーや抑圧の現状を永続化し、責任や道徳といったものを否認するための手段となる。それとは対照的に、トランプのコアな後援者を突き動かした感情は、他のグループ（女性、人種的・性的マイノリティー、移民）が受けた差別的な扱いに対する不満、も

---

21)　さらなる認識上の不正義についてはFricker, 2007を参照のこと。

しくは，トランプによって大っぴらに主張されたように，〔東と西の〕両海岸にある政治関係者や金融関係者のエリートが諸外国と共謀して，彼らの資源を外国に再分配したという確信に駆り立てられたルサンチマンだった。この不当なひどい扱いについての認知が，彼らが脆弱であるという主張と対応する権利があるという感覚を蝕むかもしれないような，他のパースペクティヴを拒否することへと彼らを導く。このように，ある退職した警察官（2016年にトランプに投票した登録された民主党員）は「今日では女であることの方が男であることよりもより簡単だ。白人の男はトーテムポールの一番下にいる人〔＝重要ではない人物〕だ。他の誰もが白人の男の上にいるんだ」と不平を漏らす。フェミニズムに関しては，彼は男たちが今や犠牲者だと述べる。「たいていは，何でもかんでも女に味方している。人生において何が起こったかにかかわらず，男がいつも途方に暮れているように見えるよ[22]」。

　公共宗教研究所によって行われた世論調査はこうした考えが蔓延していることを立証している。半分以上の白人のアメリカ人と3分の2近い労働者階級の白人が，白人に対する差別が「黒人や他のマイノリティーに対する差別と同じぐらい今日では大きな問題である[23]」ということを世論調査員に答えていた。タアーナやミルズが示唆していたように，無知はイノセントさを保護するかもしれないが，それはまた反＝犠牲者の主張にテコ入れするかもしれない。先に挙げた無知の2つの例では，不公正の苦々しい気持ちにさせる感覚と，知識と事実よりもむしろ共感や直観に基づいたエピステモロジーが絡み合っている。情動的な用語で言えば，EOIの結果についてのミルズの着想は「クール」である——自己満足，無関心，アパシーを生み出している一方で，トランプの無知の壁の感情は「熱い」のであり，フラストレーション，公然たる無視，ルサンチマンを生み出す。

22）　https://www.nytimes.com/2017/01/17/upshot/republican-men-say-its-a-better-time-to-be-a-woman-than-a-man.html

23）　http://www.prri.org/research/prri-brookings-poll-immigration-economy-trade-terrorism-presidential-race/

脆弱な無知

　〔雇用の〕不安定とルサンチマンと無知の交差を説明することは，また脆弱性，つまり傷つきやすさを理論化する努力を豊かなものにするかもしれない。脆弱性を研究する学者たちは，われわれの構成要素となる脆弱性を新しい倫理をより精緻なものにしていくための最初の一歩として認識することに高い価値を割り当てる。傷つきやすさを研究する学者たちが推論するには，われわれに共有された不可避的な条件の存在論的な事実を承認すること，われわれの身体性とともに始まることは，他者の傷つきやすさについてと同じぐらいわれわれ自身の傷つきやすさについての恐れを抑制するのに役立つだろう。カリーヌ・マルドロシアンが説明するには，「もしわれわれが皆，定義上，傷つきやすさによって性格づけられているという事実をあきらめて受け入れるならば，彼らが傷つきやすい状態にある人々だということに（不可能ではないにせよ）抵抗することは難しくなる」(Mardorossian, 2014, 15)。さらには，傷つきやすさは，正当に理解されるならば，危害から影響を受けやすいという以上のことを含んでいるのであり，つまり，それは「傷が痛むこととケアすること」(Cavarero, 2007, 20) 両方への開放性の1つの条件である。傷つきやすさの発生的側面を詳述して，マーサ・ファインマンは「脆弱性が，革新と成長，創造性と達成感への機会をもたらす」(Fineman, 2012, 126) ことを示唆している。

　傷つきやすさを再評価することはまた，傷つきにくさ (invulnerability) の理想化——いかなる形の弱さや従属も否認する男権主義者のイデオロギーや感情——の土台を弱体化させることにつながる。傷つきやすさは軽減されるかもしれないが決して根絶されることはないので，傷つきにくさを追い求めることは率直に言うと無益である。さらには，ジュディス・バトラーが議論するように，安全であり続けようとするための予防的身振りはあまりにも頻繁に暴力を再生産する。われわれ自身を脆弱性から保護する試みにおいて，われわれが安全ではないと考える人々を〔刑務所などに〕入れておくか，われわれ自身が内に閉じこもるという保護的措置をわれわれは設ける。

エリン・ジルソンは脆弱性について研究する学者たちの間でもかなりユニークである。というのも，人々が共有する傷つきやすさの否定を生み出す，その根底にある認識のメカニズムを掘り起こすために，EOIに調査報告書を新たに補充したからである。傷つきやすさそれ自体を認識の問題として構想することで，ジルソンが議論するには，「脆弱性の無知」が脆弱性とは何か（傷が痛むこととケアすることの両方）についての誤解に基づいている。つまり今度は，閉鎖の1つのかたち（感情を動かすことに開かれていることに対しても，他者によって感情を動かされることに対しても気が進まないこと）と，他者の上に傷つきやすさを投影すること（このように脆弱性の無知は抑圧の別の形態を支えている）を実行に移すものである（Gilson, 2014, 86）。よって，その挑戦は脆弱性と危害とのネガティヴな連合を縮小させ一掃することであり，それは不死身でありたいという欲望を減らすだろう，と彼女は論じる。言い換えると，われわれは傷つきやすさに内在する両義性を受け入れることを学ばなければならない。[24]

われわれがすでに知っていること（われわれが経験する傷つきやすさ）をアプリオリに否認することが，いかにしてあらゆる形態の脆弱性の拒否へと変わるのかを明らかにすることは，故意の無知にかんしてタアーナが行った理論化への有用な補足であるように思われる。しかしながら，クールな無知（すなわち，抑圧，閉鎖，蔑むこと）というミルズの着想に依拠して，他の脆弱性を研究する学者のように，ジルソンは，政治学を回避する。最近のアメリカでの選挙がうんざりするほど明らかにしたことには，彼女が仮説を立てる通り，被害者意識に固執することや，他者が傷つきやすい状態にあるという主張を全面的に拒否することほどには，傷つきやすさの経験が否認を強要しないかもしれないということだ。これらの政治的原動力は他者に傷つきやすさを投影する形を取らないのであり，他者の弱さのために他者を蔑むが，逆に，傷つきやすさを捏造する

24）タアーナの分類学に依拠しながら，ジルソンの分類学は彼女の脆弱性の無知の着想を故意の無知の1つの形式として位置づけ，その解決策として「認識の脆弱性」を培養することを提案する。もしわれわれが，われわれが知らないことはあるけれど知るべきことがある，そしてそれはわれわれが他者に開かれていることによってのみ知ることができる，ということを認めるならば，われわれが開かれていることはまた，脆弱性の1つの形であるというアイディアを受け入れる必要がある。

これらの他者たちは，あなたの個人的なあるいはグループの犠牲者としての身分を妨害する。さらには，他者が与える危険は，初めは心理的なものではなく――われわれが避けようとする，われわれ自身の傷つきやすさを思い出させるもの――物質的なものである。限りある資源の需要における競争を示すことによってであれ，あるいは現状を改変するのを脅かすことによってであれ，物質的なものは「われわれ」を傷つきやすい状態にする。潜在的な「認識の脆弱性」が何を提供するのであれ，これらの政治学に取り組むことは脆弱性の理論化に不可欠な部分となるに違いない。

　ある点では，過去10年間にわたる脆弱性についての研究の中で生み出されてきたものの多くが，現行の政治的契機よりも，ネオリベラリズムの行き過ぎと戦うためによりよい装備を備えているように思われる。バトラーの洞察や他の脆弱性を研究する学者たちの洞察は強力であり続ける。もちろん，トランプの国家の安全保障政策は，9.11の後に行われた安全保障化の流れの結果として生じ，拡張しさえしている。イスラム教徒を主体とする7カ国からの訪問者やシリア人難民に対して慌てて出された2017年の入国禁止令は，この風潮の好例である。トランプは政権に就いて2週間で，「私を信じろ。この2週間で私は多くを学んだ，そしてテロリズムはわれわれの国の人々が理解しているよりもはるかに大きな脅威だ[25]」と言い放った。同時に，恐ろしくはびこった脆弱性の一般的な感覚は，ジョージ・W．ブッシュの大統領任期中に行使された恐怖の政治よりも，トランプの優勢にとってははるかに根本的である。トランプの選挙戦でのレトリックは国内の敵／外国の敵の間の区別を消し去った。1970年代終わりから，共和党員たちは連邦政府を抑圧的だと見なしてきたし，その権力と射程を徹底的に減らすために容赦なく選挙運動をした。トランプは一歩先んじており，知識や情報についての制度やプロトコルを含む政治的・文化的秩序全体をターゲットにしていた。さらには，選挙戦の間に（ホワイトハウスを占拠してからはそうでもない），彼はネオリベラル的定説のドグマの基本理念，国境を開くことから自由貿易にまで異議を唱えた。

---

25)　http://thehill.com/blogs/pundits-blog/the-administration/318525-transcript-of-president-donald-trumps-speech-to-the

トランプは彼の支持者の脆弱な情感に訴え，それを強めた。それほど機会はなかったのだが，彼は自分の本拠地である白人——それは主に男性を地盤とするのだが——の向こうへと罠を仕掛けた。（例えば，アフリカ系アメリカ人たちのコミュニティーを「殺戮」の空間として描写することで，トランプが彼らに合図を送るとき，）彼のアプローチは，恐怖，安全のなさ，怨恨と苦しさを増幅することに依拠しており，不安を和らげることや，もちろん希望を培養することには依拠していない。変化する全国の人口統計学的属性，流動的なジェンダーの諸関係，そして威信の落ちたアメリカのグローバル・パワーによって脆弱なものとなった白人の男らしさの象徴として，トランプは任務を果たしている。おそらく，直観に反した方法で，トランプの訴えは犠牲者化することの深層の意味に基づいている。彼の退化した人間性のモデルは，トップにいる白人男性の場所が固定され，疑問の余地がないとされるアメリカの型を奪われていることへの応答だ。トランプが彼を倒すために共謀する巨大な陰謀に対して激怒する時，選挙期間中もホワイトハウスにいる今も，彼は被害者の地位を引き受ける[26]。彼の支持者たちは，自分たちもまた，他のみんなが利益を得られるように「調整された」システムによって，自分たちが正当に受けるに足るものを否定されてきたと思いながら，傷つきやすさについてのこの語りと自己を強烈に同一視する。デイヴィッド・ロバーツは「それは白人のルサンチマン，愚かだ[27]」と，ぶっきらぼうに書きつける。

誰の脆弱性か，トランプのか？

イデオロギーの力は虚偽意識と似通っている（e. g., Frank, 2004）と，何人かの著者が指摘していることにより，「怒れる白人男性」が共和党にここ何十年にもわたって与えてきた有権者の支持と，彼らの明白な物質的関心の間の不調和

---

26)　実際，トランプは「私は被害者だ」と言明している（Cf. http://www.cnn.com/2016/10/14/politics/donald-trumpsexual-assault-allegations）。

27)　https://www.vox.com/policy-and-politics/2016/11/30/13631532/everything-mattered-2016-presidential-election

は，多くのコメンタリーの論題であり続けている。キャサリン・クラマーは，彼女の最近の本『ルサンチマンの政治学』(Cramer, 2016) において，GOP〔共和党の愛称〕がこの選挙区民の忠誠心をいかにしてとらえたかということをより正確に理解しようとする。それに対して，このような判断を避けている。政治家たちが，いかにして有権者たちに自分たちの福祉に反するかもしれないやり方で行動すること——政府機関や政府機関が依存する公的なプログラム〔公共事業〕(Cramer, 2016, 26) の規模と予算を減らす政綱に投票するように——を納得させるかということを，「田舎に住む人の意識」についての民族学的研究を通してクラマーは立証している。彼女は，自分が多くのリサーチを行ったウィスコンシンの田舎に居住している人たちは，政府が鈍感だと考えていて，つまり，役人たちは彼らのニーズや関心事に興味を持っていないことを表に出しているのであり，大半の政府の政策は上位1％か貧困層だけを援助するだけだ，と考えていることを発見した。すでに怠慢な政治家や政策によって人々は苦しめられているため，GOPは，今度は「住む場所や階級に基づいたアイデンティティを背景にした」，この反政府的心情を動員している (Cramer, 2016, 14)。

　別の最近の民族学において，今回，アーリー・ホックシールドがルイジアナの入り江で描いたのは，疎外の深遠な意味によって育てられたルサンチマンの同じような光景である。貧しいアメリカの白人の離反は，レーガンの経済改革が経済的な不安定を解放した1980年代に始まったのであり，同時に社会問題（すなわち，生殖や同性愛者の権利，銃規制，アファーマティヴ・アクション〔積極的差別解消政策〕のような政策）に関する分裂が政治的演説では突出していた。ホックシールドはトランプを「感情候補 (emotions candidate)」として性格づける。

　　過去数十年間の他のいかなる大統領候補よりも，トランプは詳細な政策の詳細な規定よりもむしろ，彼のファンから感情的な応答を引き出し，それを賛美することに焦点を当てている。彼のスピーチは——支配，虚勢，明快さ，国家威信と個人的な感情の高揚を呼び覚ましながら——感情的な変質をもたらす。(Hochschild, 2016, 225)

トランプ政権の政策がこの人口統計学的属性における物質的関心に取り組むだろうことがいかに乏しいかということに焦点を当てることで，トランプが供給するもう1つのニーズ，つまり，「感情的な自己権益」をホックシールドは提出し，論駁する。トランプは彼の支持者たちに「自分自身の国にいるにもかかわらずよそ者であるという情感からのめくるめくような解放」を可能にした（Hochschild 2016, 228）。

これらの政治的なアタッチメントを駆り立てる「主観的プリズム」を理解しようとする彼女の努力において，ホックシールドは現代のルサンチマンに満ちた無知論理の1つの構成要素を突き止めたという点で他の人たちよりも徹底している（Hochschild, 2016, 135）。彼女が報告するように，無関心な政府によって見捨てられたという普及力のある情感は，文化的・社会的な疎外と結合し，共通の語りの中で1つになる。彼女の対話者たちは，同性愛者，黒人，女性，保護動物や保護植物でさえ，「列に割り込んでくる」（Hochschild, 2016, 137）という考えを共有している。彼らは彼らのニーズが他の人たちの利益の犠牲にされてきたのであり，この他の人たちはより援助に値しない人たちだということを確信している。

　あなたより前に列に並んでいるよそ者たちが，あなたを不安にさせ，ルサンチマンに満ちたものにさせ，恐れさせている。大統領〔オバマ〕は，あなたを疑い深くさせ，裏切られたと感じさせる列に割り込んでくる人たちと同類である。列のあなたより前にいる人があなたを無知で，頑迷な田舎者だと侮辱し，辱められ頭にきたとあなたに感じさせる。経済的，文化的，人口統計学的，政治的に，あなたは思いもよらないことに自分の国土にいながらよそ者なのである。（Hochschild, 2016, 222）

同じような論法が，以下のトランプの支持者の主張にははっきりと見られる。同性愛者の結婚は異性愛カップルにとって「フェアではない」，というのも「標準的なカップルはすごく勤勉に働いているだろう？　そして同性愛カップルはより多くを望んでいるんだ」[28]。HUD〔住宅都市開発省〕長官のベン・カーソ

ン博士は，彼の任命に続く上院委員会で証言した時に，この見解を繰り返した。カーソンは同性愛者の結婚を合法化するという最高裁判所の判決を（2015年のオーバーグフェル対ホッジス裁判），LGBTコミュニティーに「追加の権利」を用意するものとして解釈する。「もちろん，私は国土のすべての法律を守らせる」。しかし，彼は「誰も追加の権利を得られない」と言った。カーソンはその考えを決してすべて説明してはいなかったが，同性愛カップルに異性愛カップルが享受しているのと同じ権利を許可することが結婚制度を蝕んでいると言い切った。よって，以前はそのような権利を認められていなかった人々の権利を拡張することは，権利の平等以上の何かを制定することである。ただし「追加の権利」を除いて。「追加の権利が意味するのは，他のみんなにとってのすべてのことを再定義するのにあなたが取りかかることである」[29]。

　こうした見解は，ホックシールドの対話者たちの「語り」と同じくらい，さらなる問いかけを要請する。一方で，彼らの道理は平等を達成しようとするまとまった努力に基づいており，他方で，保証されていない特権とともにある。第1に，受益者たちに十分なサービスが行きわたっていない——彼らは列に割り込み，十分勤勉に働いてはおらず，不相応の配慮を受け取っている——という主張である。第2に，利益を分配することは，必然的に排他的な制度（結婚，市民権，福祉援助）を蝕むことによるのであれ，持てる者と持たざるものの秩序を崩壊させることによるのであれ，広範囲で彼らの価値を貶めている，という指針である。ルサンチマンに満ちた無知論理は還元された公正としての正義の着想にもどれほど多く依拠しているかを指摘しておこう。先の例が示しているように，何らかの形で「勤勉に働くこと」を通して得られたものとしてか，（異性愛者の白人男性の優越が自然なものとして理解されている場合）以前の地位に基づいたアプリオリな特典に根拠を置くもののどれかによるものとして，それは[30]

---

28)　http://www.cc.com/video-clips/y6mxf5/the-daily-show-with-trevor-noah-putting-donald-trump-supporters-through-an-ideology-test

29)　https://www.c-span.org/video/?421258-1/hud-secretary-nominee-ben-carson-testifies-confirmation-hearing

30)　著しく欠けているのは，はなはだしい格差を矯正し，差別を抑制し，何らかの社会的保護の形を用意するために非常に重要なものとしての，政府の法律上の，また社会的な役割

相応のものが自由市場化されたバージョンである。

ルサンチマンに満ちた無知論理

　ルサンチマンに満ちた無知論理にわずらわされることは，実のところ，ネオ
リベラリズムや金融化の諸力によって（特に2008年の暴落），貿易協定やグロー
バリゼーションの別の形の結果として減少した雇用機会によって犠牲者化され
た，（多くのクリントンに投票した人たちと同じぐらい）多くのトランプのコアな支
持者たちの間で耐え忍ばれてきた多様な〔雇用の〕不安定さを割り引き，卑小化
することを伴いはしない。製造業の雇用の大幅な減少は，生計や身分，自己の
意味，そして非常に多くのアメリカ人たちにとってのライフスタイルの喪失を
意味してきた。それゆえ，たとえトランプがグローバリゼーションやオートメ
ーションといった問題を覆い隠すためにナショナリスト的なレトリックを展開
していたとしても，彼らの仕事やそれに関連したすべてを取り戻すというトラ
ンプの約束は魅惑的なものだったということは理解できる。

　私の狙いはルサンチマンを糾弾することでもない。それとはまったく反対で
ある。なぜなら不満は不正義を政治化するために不可欠なので，構造的な不平
等，体系的な差別，そして集団生活に関することに向けられた要求だからであ
る（Cole, 2007）。極端なものであれ取るに足らぬものであれ，現実であれ想像
されたものであれ，危害，苦しみ，不正義の認知は同じような感情の目録──
つまり，怒り，とげとげしさ，憤慨──を呼び起こす。トーマス・ブラッドホ
ルムが示唆するように，ルサンチマンは「それがどのような感じなのかという
ことによってではなく，ルサンチマンを考慮する人々が，知覚された不正義，
危害，違反に言及する方法によって区別されるべきである」（Brudholm, 2008,
11）。むしろ彼らが感じていることによって思い悩む人々をあざ笑うことより
は，その代わりに，われわれはどこからこのような欲求不満が起こり，政治的
に彼らの主張を問いかけるのかという文脈を徹底的に研究するべきである。

　の概念である（Soss and Schram, 2007; Skocpol and Williamson, 2012; Cramer, 2016）。

フェミニズムの理論家たちは，怒り，不幸，嫌悪感や同じような「醜い情感」が，他の方法では表現できないような，一般に認められているわけではない不正義の諸形態の正体を暴くのに肝要な役割を果たすことについては長らく議論してきた (e. g., Lorde, 2007; Jaggar, 1989; Ahmed, 2010)。真実和解委員会や，過去の残虐についての他の公の謝罪をきっかけとして，さらに他の学者たちは，犠牲者たちが集団にとっての善のみならず自分自身にとっての善のために，彼らの傷つけられた関係性を克服しなければならないという思い込みを揺るがせ始めた。何か他のものとしてそれ自身を隠す，妬みや苦しさの1つの形式としてニーチェの〈ルサンチマン〉の着想を根本的に受け入れるよりは，その代わりに，なぜ犠牲者たちがルサンチマンを乗り越えるのではなくそれとともに生きることを正しくも選びうるのかを解明することで，被害者意識を信用せず，病理化するモラル・エコノミーにわれわれは立ち向かうべきである。ルサンチマンは，復讐や自己憐憫に溺れる欲求というよりはむしろ，責任と説明義務への要求かもしれない。このように，ルサンチマンは，実質的な変化がもたらされる前に，違反を即座に抑えつけ忘却させようとするシステムに対する政治的抵抗を表現するのかもしれない。

　もう一度言うが，ルサンチマンの場合，脆弱性と無知論理のこの絡み合いを認識することは重要である。ルサンチマンの価値を変える多くの研究成果はこの情動の道徳的な正当性に賛成する論を張ることに焦点を絞ってきた。リチャード・ウォーレスは，例えば，ルサンチマンの情感が，特定の基準では，ひとつの重要な道徳的コミットメントであるかもしれず，徳の高いものですらあると断言している。しかしながら，アリス・マクラクランは，ウォーレスのような哲学者たちが「ルサンチマンをクリーンにすることによって」それを救っていると指摘している。彼らは受け入れられている道徳的価値に不愉快で反動的な傾向を結びつけ，それからその合理性を論証する。「ルサンチマンの標準的な哲学的パラダイムは，必ずしも穏やかで適切であるという意味ではなく，……合理的で道徳的であるという意味で，『道理にかなっている』。つまり，それは必ず何らかの道徳の侵害あるいは違反に言及する」(MacLaclan, 2010, 426)。自身の著作において，マクラクランは「道理をわきまえないルサンチマン」の

場所も切り開こうとする。なぜなら道理をわきまえていることの他ならぬ基準は、不正義についての支配的な着想においていまだ提示されていない、まさにこうした不満をしばしば排除するからである。ルサンチマンを道徳化することは、政治的な不平等や抑圧に培われたルサンチマンを閉塞させる。

　政治学において、ルサンチマンは、傷つきやすさの主張によく似ているのだが、多様でたいていは敵対的な当事者たちによって表現される。ルサンチマンが病理的であるという頭ごなしの拒否は誤っているとはいえ、この反動的な情動を生んで育む様々な特定の状況の中で、主張された違反の正当性と尺度を、それぞれの真実性と同じぐらい識別する手段をわれわれはまだ必要としている。文脈（あるいは「分厚い記述」）が鍵となる。この点については、ディディエ・ファッサンの仕事が有益な介入をしている。彼は、ジャン・アメリーの歴史的条件への応答としての「〈ルサンチマン〉」の着想と、社会的な苦しみについての関係的でしばしばイデオロギー的な形式としての「ルサンチマン」を区別する。[31] 彼がルサンチマンのために用意した、自分自身のことを間違った烙印を押されていると見なすフランスの警察官たちの事例研究は、これを説明するのに特に役に立つ。警察官たちが防御的でルサンチマンに満ちるようになるほど、彼らは自分たちが不当に非難されたと感じるところの振る舞いにいっそう引き込まれるようである。つまり、低賃金労働、過重労働、正当に評価されないことという警官たちの「地位の苦しみ」を、「彼らに曖昧な任務を与えるシステムから、……自分たちの敵と見なすように警官たちが社会化してきたある人々へと移動させる」（Fassin, 2013, 259）のである。

　同様に、合衆国では、根底にある経済的な脆弱性は白人男性の犠牲者化についての語りという形式を取ってきたのであり、ある人は他の脆弱なグループをターゲットとするルサンチマンに満ちた無知論理をあてにしている。この語りを批判し異議を申し立てることは、物質的不安定に基づいて表明される政治的主張の正当性を蝕みはしない。それらは文脈的に、比較的に、交差的に取り組まれるべきである。そうすることがこれらの不満が起こる文脈を考慮し、これ

31）　Griswold, 2007 もルサンチマン（resentment）と〈ルサンチマン（*ressentiment*)〉を区別していることにも注意せよ。Wallace, 1994, 246 も参照のこと。

らの主張を駆り立てる感情や動機を分析することを要請する。それはまた，い
かにして政治には必然的に多様な次元で勝ち組と負け組があるということに留
意し続けることを意味する。

暫定的な結論

　この章において，私は，EOIの調査報告書から，互いの会話での脆弱性とル
サンチマンに至るまで，洞察をもたらそうとした。それらの交差を探究するこ
と，特に「ルサンチマンに満ちた無知論理」と私が称したものの原動力を探究
することは，合衆国やグローバルな世界における，現在のいわゆる「ポピュリ
スト」的な契機についてのわれわれの理解をより豊かにしうるだろう。ルサン
チマンに満ちた無知論理を補強する議論は，特定の認識パターンを強調した。
この無知論理は，正当な権利を受けられない，「特権的な」アウトサイダーた
ち，つまり外国人，移民，難民，都市生活者そしてマイノリティーによって，
コミュニティーを脅迫され力を奪われたものにする，脆弱性の感覚によって生
み出された，平等と特別な利益の融合を含んでいる。
　ちょうどルサンチマンに満ちた無知論理は，不満やそれが引き起こすかもし
れないルサンチマンを避ける必要がないことに直面するように，またトランプ
の優勢に先立つ知識，真実，情報についての何らかの理想化された考えといっ
たものから撤退することをわれわれに要請しはしない。数十年にわたる研究成
果が，この認識的秩序の非公正と不透明さ，ナショナリズムや社会の階層化と
の共謀，そして権力との一般的なその共謀についてのやむにやまれぬ批判を生
み出した。同時に，われわれの現行の政治的契機において，知識がいかにして，
大半の脆弱な人々にとってさらにまた不利にする無知とルサンチマンの混合物
に取って代わられるかという問いにわれわれは取り組まなくてはならない。

（翻訳担当：落合芳）

引用文献
Ahmed, Sara. 2010. "Feminist Killjoys (And Other Willful Subjects)". *The Scholar*

and Feminist Online, 8, no. 3 (Summer) (://sfonline.barnard.edu/polyphonic/print_ahmed.htm).

Ahmed, Sara. 2010. *The Promise of Happiness*. Durham: Duke University Press.

Alcoff, Linda Martin. 2007. "Epistemologies of Ignorance: Three Types". in Sullivan, Shannon and Nancy Tuana (eds). *Race and Epistemologies of Ignorance*, Albany: State University of New York Press.

Amery, Jean. 1980. *At the Mind's Limits: Contemplations by a Survivor of Auschwitz and Its Realities*. Bloomington: Indiana University Press.

Berlant, Lauren Gail. 2011. *Cruel Optimism*. Durham: Duke University Press.

Brudholm, Thomas. 2008. *Resentment's Virtue*. Philadelphia: Temple University Press.

Butler, Judith. 2004. *Precarious Life*. London: Verso. (ジュディス・バトラー『生のあやうさ——哀悼と暴力の政治学——』本橋哲也訳, 以文社, 2007年)

Cavarero, Adriana. 2007. *Horrorism: Naming Contemporary Violence*. New York: Columbia University Press.

Christensen, Jon. 2008. "Smoking Out Objectivity: Journalistic Gears in the Agnotology Machine". in Proctor, Robert N. and Londa Schiebinger (eds). *Agnotology: The Making and Unmaking of Ignorance*, Stanford: Stanford University Press.

Code, Lorraine. 1993. "Taking Subjectivity into Account". in Alcoff, Linda and Elizabeth Potter (eds). *Feminist Epistemologies*, pp. 15-48. New York: Routledge.

——. 1995. *Rhetorical Spaces: Essays on Gendered Locations*. New York: Routledge.

——. 2008. "Advocacy, Negotiation, and the Politics of Unknowing". *The Southern Journal of Philosophy*, 46, no. S1 (Spring), pp. 32-51.

——. 2014. "Culpable Ignorance?". *Hypatia*, 29 (3), pp. 670-676.

Cole, Alyson. 2007. *The Cult of True Victimhood: From the War on Welfare to the War on Terror*. Stanford: Stanford University Press.

Connolly, William. 2017. *Aspirational Fascism: The Struggle for Multifaceted Democracy under Trumpism*. Minnesota: University of Minnesota Press.

Cramer, Katherine. 2016. *The Politics of Resentment*. Chicago: The University of Chicago Press.

Fassin, Didier. 2013. "On Resentment and Ressentiment: The Politics and Ethics of Moral Emotions". *Current Anthropology*, 54, no. 3 (June), pp. 249-267.

Fineman, Martha Albertson. 2012. "Elderly as Vulnerable: Rethinking the Nature of Individual and Societal Responsibility". *Emory University School of Law Legal Studies Research Paper Series*, Research Paper No. 12-224.

Frank, Thomas. 2004. *What's the Matter with Kansas?*. New York: Henry Holt and Company, LLC.

Fricker, Miranda. 2007. *Epistemic Injustice: Power and the Ethics of Knowing*. Oxford: Oxford University Press.

Gilson, Erin. 2014. *Ethics of Vulnerability*. New York: Routledge.

———. 2011. "Vulnerability, Ignorance, and Oppression". Hypatia, 26 (2), pp. 308–332.

Griswold, Charles. 2007. *Forgiveness: A Philosophical Exploration*. Cambridge: Cambridge University Press.

Haraway, Donna. 1988. "Situated Knowledges: The Science Question in Feminism and the Privilege of Partial Perspective". *Feminist Studies*, 14 (3), pp. 575–599.

Harding, Sandra. 1991. *Whose Science? Whose Knowledge?: Thinking from Women's Lives*. Ithaca: Cornell University Press.

Hochschild, Arlie Russel. 2016. *Strangers in Their Own Land*. New York: The New Press.

Jaggar, Alison M. 1989. "Love and Knowledge: Emotion in Feminist Epistemology". in Jaggar, Alison M. and Susan Bordo (eds). *Gender/Body/Knowledge: Feminist Reconstructions of Being and Knowing*. New Brunswick: Rutgers University Press.

Lorde, Audre. 2007. *Sister Outsider: Essays & Speeches by Audre Lorde*. Berkeley: Crossing Press.

MacLachlan, Alice. 2010. "Unreasonable Resentments". *Journal of Social Philosophy*, 41, no. 4 (Winter), pp. 422–441.

Mardorossian, Carine. 2014. *Framing the Rape Victim: Gender and Agency Reconsidered*. New Brunswick: Rutgers University Press.

Michaels, David. 2008. "Manufactured Uncertainty: Contested Science and the Protection of the Public's Health and Environment". in Proctor, Robert N. and Londa Schiebinger (eds). *Agnotology: The Making and Unmaking of Ignorance*, Stanford: Stanford University Press.

Mills, Charles. 1997. *The Racial Contract*. Ithaca: Cornell University Press.

———. 2007. "White Ignorance". in Sullivan, Shannon and Nancy Tuana (eds). *Race and Epistemologies of Ignorance*, Albany: State University of New York Press.

Ngai, Sianne. 2005. *Ugly Feelings*. Cambridge: Harvard University Press.

Pateman, Carole. 1988. *The Sexual Contract*. Stanford: Stanford University Press. （キャロル・ペイトマン『社会契約と性契約——近代国家はいかに成立したのか——』中村敏子訳, 岩波書店, 2017年）

Proctor, Robert N. 2008. "Agnotology: A Missing Term to Describe the Cultural Production of Ignorance (and Its Study)". in Proctor, Robert N. and Londa Schiebinger (eds). *Agnotology: The Making and Unmaking of Ignorance*. Stanford: Stanford University Press.

Skocpol, Theda and Vanessa Williamson. 2012. *The Tea Party and the Remaking of Republican Conservatism*. Oxford: Oxford University Press.

Soss, Joe and Schram, Sanford F. 2007. "A Public Transformed? Welfare Reform as Policy Feedback". *American Political Science Review*, 101, no. 1 (February), pp. 111-127.

Tuana, Nancy. 2006. "The Speculum of Ignorance: The Women's Health Movement and Epistemologies of Ignorance". *Hypatia*, 21 (3), pp. 1-19.

Wallace, R. Jay. 1994. *Responsibility and the Moral Sentiments*. Cambridge: Harvard University Press.

〈サイトのリスト〉

CBS News. nd. "Trump Supporters: We Don't Care about Groping. . .". Accessed February 10, 2018 (https://www.cbsnews.com/video/trump-supporters-we-dont-care-about-groping-allegations/).

Cooper, Betsy, Daniel Cox, E. J. Dionne Jr., Rachel Lienesch, Robert P. Jones and William A. Galson. 2016. "How Immigration and Concerns about Cultural Change Are Shaping the 2016 Election". *PRRI/Brookings Survey*, June 23, 2016. Accessed February 10, 2018 (https://www.prri.org/research/prri-brookings-poll-immigration-economy-trade-terrorism-presidential-race/).

C-Span. 2017. "Housing and Urban Development Secretary Confirmation Hearing". Confirmation hearing recorded on January 12, 2017. Accessed February 10, 2018 (https://www.c-span.org/video/?421258-1/hud-secretary-nominee-ben-carson-testifies-confirmation-hearing).

Diamond, Jeremy and Daniella Diaz. 2016. "Trump on Sex Assault Allegations: 'I am a victim'". *CNN Politics*, October 15, 2016 (https://www.cnn.com/2016/10/14/politics/donald-trump-sexual-assault-allegations/index.html).

Fording, Richard and Sanford Schram. 2016. "'Low information voters' are a crucial part of Trump's support". *The Washington Post*, November 7, 2016 (https://www.washingtonpost.com/?utm_term=.8980e5bc64af).

Graham, David. 2017. "Donald Trump's Narrative of the Life of Frederick Douglass". *The Atlantic*, February 1, 2017 (https://www.theatlantic.com/politics/archive/2017/02/frederick-douglass-trump/515292/).

Klepper, Jordan. 2016. "Putting Donald Trump Supporters Through and Ideology Test". Filmed on August 8, 2016 for the Daily Show. Accessed February 10, 2018 (http://www.cc.com/video-clips/y6mxf5/the-daily-show-with-trevor-noah-putting-donald-trump-supporters-through-an-ideology-test).

Luks, Samantha and Brian Schaffner. 2017. "This is what Trump voters said when asked to compare his inauguration crowd with Obama's". *The Washington Post*, January 25, 2017 (https://www.washingtonpost.com/news/monkey-cage/wp/2017/01/25/we-asked-people-which-inauguration-crowd-was-bigger-heres-what-they-said/?utm_term=.e83b2997433dcon).

Miller, Claire Cain. 2017. "Republican Men Say It's a Better Time to Be a Woman Than a Man". *The New York Times*, January 17, 2017 (https://www.nytimes.com/2017/01/17/upshot/republican-men-say-its-a-better-time-to-be-a-woman-than-a-man.html).

Politico (Nelson, Louis). 2017. "Conway: Judge Trump by what's in his heart, not what comes out of his mouth". Filmed January 9, 2017 on CNN's 'New Day' with Chris Cuomo. Accessed February 10, 2018 (https://www.politico.com/video/2017/01/conway-judge-trump-by-whats-in-his-heart-not-what-comes-out-of-his-mouth-061895).

Roberts, David. 2016a. "Everything Mattered: Lessons from 2016's Bizarre Presidential Election". *Vox*, November 30, 2016 (https://www.vox.com/policy-and-politics/2016/11/30/13631532/everything-mattered-2016-presidential-election).

——. 2016b. "The Most Common Words in Hillary Clinton's Speeches, in One Chart". *Vox*, December 16, 2016 (https://www.vox.com/policy-and-politics/2016/12/16/13972394/most-common-words-hillary-clinton-speechpateman).

Silver, Nate. 2016. "Education, Not Income, Predicted Who Would Vote for Trump". *FiveThirtyEight*, November 22, 2016 (http://fivethirtyeight.com/features/education-not-income-predicted-who-would-vote-for-trump/).

Suskind, Ron. 2004. "Faith, Certainty and the Presidency of George W. Bush". *The New York Times*, October 17, 2004 (http://www.nytimes.com/2004/10/17/magazine/faith-certainty-and-the-presidency-of-george-w-bush.html).

The Hill. 2017. "Transcript of President Donald Trump's Speech to the Major Cities Chiefs Police Association". Speech given February 8, 2017 (http://thehill.com/blogs/pundits-blog/the-administration/318525-transcript-of-president-donald-trumps-speech-to-the).

Trump, Donald J. (@realDonaldTrump). 2017. "Any negative polls are fake news, just like the CNN, ABC, NBC polls in the election. Sorry, people want border security and extreme vetting". Twitter, February 6, 2017 (https://twitter.com/realdonaldtrump/status/828574430800539648?lang=en).

Whitehouse. 2017. "Remarks by President Trump to Coalition Representatives and Senior U.S. Commanders". Issued on February 6, 2017 at MacDill Air Force Base (https://www.whitehouse.gov/briefings-statements/remarks-president-trump-coalition-representatives-senior-u-s-commanders/).

―――. 2017. "The Inaugural Address". Issued on January 20, 2017 (https://www.
whitehouse.gov/briefings-statements/the-inaugural-address/).

Zito, Salena. 2016. "Taking Trump Seriously, Not Literally". *The Atlantic*, Decem-
ber 23, 2016 (https://www.theatlantic.com/politics/archive/2016/09/trump-
makes-his-case-in-pittsburgh/501335/R).

大災害に襲われた空間のその後

脆弱さと創意

アンヌ・ゴノン

はじめに——事件

　フクシマの地震・津波・原子力発電所の事故という三重の災害や，インドネシアの津波に直面すると，メディアを含め，誰もが「事件」という言葉を用いて，日常の生活に突然現れた非日常を示す。事件は，それが戦争であれ地震であれ，人々が居住地から遠く離れたところに避難せざるをえなくなることで，一時的にせよ，長期的にせよ，暮らしの空間を乱し，あるいは破壊に至らしめる。こうした避難によって，人々の日常や習慣は失われ，元通りの生活に戻るか，または新しい生活を構築するまでの間，否が応でも知らないものと対峙しなければならない。事件は，人々を脆弱な状態に陥れるのである。それは，それを傍から見る者にとっても同様である。事件は，人の心に大きく作用し，無視することができないものだからである。事件の中に，思考の対象の中心があると考えていたハンナ・アーレントは，個人だけでなく，思想家もその大きな混乱に何らかの意味を見出さなければならないと述べている（Arendt, 1983）。

　社会科学のどの分野も，社会における規則性の探求から外れるこの概念とどう接していいか分からずにいる（Bensa et Fassin, 2002）。原子力を肯定する古典的な分析を除けば，多くの社会学者が行った分析は，大災害と，フクシマやチェルノブイリといった地域，或いはインドのボパールといった町の住人の脆弱さにつながったメカニズムや構造を新たに考慮に入れ，世の中の現代的側面の

批判を土台としたものであった。社会科学においては，分かりやすさを追求するあまり，大災害の因果関係を語ろうとし，大災害の事件的側面が忘れられがちであるように思われる。特に社会学は，個別のものより，全体に通じる理屈について考える。構造を問うのであり，変異は問題にしないのである。大災害がもたらした新しい現象を理解するには，因果関係のみならず，無条件性をも考慮しつつ，時間と想像を重視した分析をしなければならない。事件を連続性の中で捉えてしまうことによって，脆弱さにおける新しい事象を見落とす可能性が大いにある。脆弱さが生じ，表に現れた時に，それを，時とともに消滅するか，そうでなくても弱まるものと捉えてしまう。大災害によって生じた脆弱さは，大きく変化した環境とそこに住む人々の間に生じるものの中で中心的なものと捉えられるべきであるというのが私たちの主張である。つまり，脆弱さを考察の中心に据え，大災害の後にどのように個人が実際の状況の中で理性と相談して自分を位置づけ，新たに生活形式を再建していくのかを理解しようとすべきなのである。

1　脆弱さと空間──矛盾した関係

　カトリーナ，チェルノブイリ，リスボン，水俣，フクシマ。地震や津波のような天災であっても，原子力発電所や化学工場の事故であっても，いかなる事件も，場所の名前がついてそれとともに記憶に残る。映像は，何よりも被害の空間的規模を見せつける──倒壊した家々，根こそぎ倒れた木々，鉄骨がむき出しになった建物。どんな災害も，特定の場所に起こるものであり，その空間的規模は影響を被った人間の規模と切り離して語ることはできない。被害は暮らしの場を破壊し，その場所から一時的であれ完全にであれ，人々は追放される。日常生活の拠り所を失い，人々は不安定な状態にさらされる。こうして，脆弱さが生じるのである。そこで人々の置かれる状況は，自分たちの暮らしの場であったその場所の状況と不可分なものである。人々の脆弱さの規模は，その空間の状況と，人々の置かれる状況の相互関係で捉える必要がある。破壊された自分の家や灰に帰した村を目の当たりにして人々は失ったものに気づくが，

同時に自然の力を再認識する。そして，それを感じさせる場所は，ただの建物よりも住居や店舗といった形のものである。記憶と愛着の詰まった暮らしの場である。一時的にであれ，完全にであれ，被災地域を離れるのは簡単なことではない。避難指示対象のチェルノブイリでも，その地に残ることを選んだ人もあった。こういった，場所と背後にある物語との関係において脆弱さが生じるのであり，両者の相互関係において脆弱さは考えられるべきなのである。被害に遭い，壊された空間は，ただ「負」なのではない。原子力発電所の大事故という状況でさえ，地元へ帰り，再建への努力をしているということは，住民たちが荒廃した土地を耕し，破壊されたものを直さんとしていることが示している。大災害によって，その土地とのつながりが再生し，その地が弱いと感じることで，守り，価値を見出し，再建すべきものだと思わせる。住民のさらされた衝撃は激しいものではあるが，暮らしの場がもつプラスの性質は否定することができない。

　人々が経験する脆弱さは，この空間との関係における様々な感情や希望という形で現れる。それは，普通の生活に戻ること，新しい暮らしの展望，また反対に失望，死，怪我であったりする。いかなる安全も望めない場で生じる脆弱な状態を扱おうというのではない。人々の脆弱さと空間のそれを並行して考えられる形で，脆弱さを扱うということである。これは，大災害で現れる1つの同じ現象である。

　悪質な環境と恵まれない人々との関係は都市社会学の研究対象である。都市社会学では，行政から見放された（フランスの）「バンリユー[1]」やブラジルの「ファヴェーラ[2]」のような地域の住民に悪影響を及ぼす差別のプロセスが研究される。数多くの研究によって，経済発展の外に追いやられた空間（地域）に属するかどうかで，その人々に対する差別や社会的排除がどのように発生するか，その仕組みが明らかにされた。脆弱な空間と脆弱な人々の間の相関性を捉えるために発展したのが，環境正義の研究である。「環境正義」という用語は，1980年代以来アメリカで用いられ，空間的・社会的不平等と闘うグループの

---

1) Banlieue：貧困者が集中して暮らす大都市の郊外。
2) Favella：ブラジルの大都市には，不法居住者の建てた小屋が並ぶ。

運動を指す。これに基づいた諸研究では，都市への権利と近隣住民の権利とい
う2つの概念を重要なものとして挙げ，こういった運動の有益な側面が強調さ
れている (Anguelovski, 2014)。差別を受けたり疎外されたりしている人々は，
こういった環境を肯定的に扱うアプローチの推進を目指す活動を通して，荒廃
した自分たちの暮らしの場への愛着を表明している。脆弱な人々のドヤホテル
生活について，ミクロの視点で行われた研究で示された通り，こういった空間
は，差別の対象ではあっても，守られた，助け合いと連帯の場でもあるのであ
る (Lévy-Vrœland, 2014)。

　こういった研究においては，生態系に影響する大災害の問題は扱われていな
い。しかしながら，大災害で大きな被害を受けた地域に観察されることは，被
害を被っている現代都市の地域に暮らす人々が暮らしの場という空間に自分を
どのように位置づけるのか，に非常に似通っている。上に述べた研究のように，
人々とその地域の脆弱さをあらかじめ固定したところから出発しては，住民が
環境に対して行動を起こすことで脆弱さをコントロールしようとするプロセス
しか理解することができない。出発点を大災害に設定することで，その地域と
住民の二重の脆弱さが生じる過程が明らかにされ，その二重の脆弱さが相互に
作用を及ぼす特性を捉えることが可能となる。環境正義という概念を用いるこ
とで，権利という面においてだけでなく，地域への愛着，心地よい記憶，各人
のアイデンティティーの保護といった様々な概念に関連するその地の価値に着
目することができる。こうして，大災害に遭った地域は，空間的・社会的・時
間的側面において，不安定さ，馴染みのなさ，特例といった特徴を持つ「経験
のない (liminaire)」空間と捉えることができる (Agier, 2013)。

2　ある状況における主体

　大災害は，空間が破壊される以外に，そこに住む人々にも害を及ぼす。この
人々は，被害者と見なされ，次に管理するべき対象，さらには大自然の中の抽
象的存在と見なされる。そしてその人々に，脆弱さと，制御されずにいる近代
の発展が大災害という悲劇的な形を取って現れ，共に襲いかかるのである。し

かし，この抽象的な存在を構成するのは誰なのか。それらの人々は，皆同程度の被害者なのだろうか。皆，同じように反応するのだろうか。大災害に意味を見出すということは，抽象的な存在——フクシマの人々とかカトリーナの被害者とか——に注意を向けるのではなく，具体的な個々人に何が起きているのか理解する，すなわち脆弱な個々人の問題を扱うということである。しかしながら，多くの研究が，権力が支配的に働く生政治の観点からのアプローチと，理性的で自立した抵抗する個々人を扱う個人主義的観点からのアプローチとの間をさまよっている。こういった研究アプローチは，観察可能な連帯の形態や，自然に対して始まっている，すでに関連を持っている自然に対する働きかけに目を向けない方法である。新しい生活形式を再建するプロセスの中心に個々人を位置づけるには，情動や激しい感情を説明することができるハビトゥスという概念と行為主体性という概念が最も適しているように思われる。そこに生じるのは，「人」や「個人」という曖昧な社会的存在とは捉え方の異なる主体であり，束縛や抵抗の概念の対立を超えたところにある，ある共同体や環境への所属に着目するものである（Agier, 2013; Berque, 2012）。

　ハビトゥスには，いくつもの定義がある。ピエール・ブルデューが提唱したものは，ハビトゥスを「持続的で順序の入れ替え可能な能力」とするもので，これにより社会化の複雑なプロセスを捉えることができる。ノルベルト・エリアスは別の定義を提案し，ある個人のアイデンティティーを一生固定したものとせずに個人を理解しようとした。これによると，個人は，同時に多種多様な組織に属し，それぞれにおいて，度合いの異なる社会的統合が見られるのだから，必然的にそれぞれのハビトゥスも多種多様であるはずである。また，ハビトゥスは，持続的であると同時に変化するものでもあると考えている（Elias, 1991）。個人がどのように古い立ち位置と折り合いをつけ，同時に新しいものを打ち出すかを捉えるためには，後者の定義が適しているように思われる。ハビトゥスという概念は，人々が，どのように大災害に精神的に立ち向かうのかを考察するのに役立つ。大災害は，非日常の事件として，被害を受けた人々の暮らしに断絶や亀裂を生じさせるものである。物理的な面だけでなく心理的な面でも悪影響を及ぼす。日常生活の中に恐怖と死を持ち込む。人々は，暮らし

の場の破壊によってもたらされた居心地の悪さに伴い，肉体的・感情的に不安感を覚える。現代社会が目立たないようにしている死と恐怖が突然現れた，自分たちの置かれている生活状況を改めて考えなければいけなくなった。連続性と規則性の分析は一旦さておき，ハビトゥスの変化しつつある過程を理解し，特にハビトゥスを変えうる客観的な特徴をいくつか描き出す必要がある。

　脆弱さとは，「経験のない (liminaire)」空間に入ることによってもたらされる危機的状況のことである。マルトゥセッリによるカテゴリーを1つ用いるなら，実存的脆弱さの出現と表現できるだろう (Martuccelli, 2014)。亀裂の第1の特徴は，死との接触から来るものである。生命力は時とともに回復するということは分かっているにせよ，死に触れたことは，死を遠ざけ，隠し，話題にしないようにする現代社会に生きている人々に必ず爪痕を残す。恒常的に不安定な心的状態が生じることは，PTSDや自殺に関する研究が証明している (Lovell, 2013)。世界との関係は，よりもろく感じられるようになる。すべてが不安材料となるからである。日常生活における選択は，自明であるものなどなくなり，大災害のもたらしたものと直に接した結果，不安というフィルターを通してなされるようになる。

　大災害の持つ「経験のない (liminaire)」という特徴には時間的側面もある。まず，過去は，絶対的な基準として用いることができなくなる。暮らしの場は消え，あるいは大きく変化して再建されているわけであるから，過去は，物質的なものの消え去った，過ぎてなくなった世界のものであるように思われるのである。思い出と理想のイメージだけが「普通の生活に戻る」ことを被害者に切望させるのである。しかし一方，未来もさらに不確実なものとなった。物質的・経済的な意味での生活環境も，生命に関わる意味での生活も新しいものである。マスメディアによる災害の話題に上らなくなっても，死は，放射能汚染にさらされた子供たちの甲状腺ガンの危険性についての議論の背後に存在が見え隠れする。病気も，仮と言われる受入れ先で衛生環境が整っていなければ，喪の作業の中で悪化してしまう (Das et al., 2000)。苦しみの中には，普通の生活が失われた時には，生きる苦しみというものもある。地元を追われた人々は，大災害前の暮らしを切望するが，その地域に戻って生活している人々や元々地

元を離れなかった人々も同様に再び元の暮らしに戻るべく必死である。地元を離れていても帰還していても，大災害の被害者は，自分たちの今送っている日常生活が普通の生活ではない，本来の自分たちの生活ではないと感じている。自分たちの暮らしを奪われたと感じている。安全と国による保護に対する信頼は落ち込み，あるいは完全になくなってしまった。国の正当性を疑うこととなった。死と隣り合わせになったことで公的機関が課す制約に，距離を置いた視線を向けることになると言えるだろう。

　生態系に影響を及ぼす大災害においては，プライベートの領域に意識の重点を置いた暮らし方への変化が観察されるようになる。汚染の懸念とともに暮らさなければならなくなった結果，家庭内に自然環境に配慮した考え方がもたらされるのである。チェルノブイリやボパールの大事故のケースに見られるように，家庭の主婦が，場合によっては母親の運動という組織だった形で，一家の食餌様式を主導的に見直すようになり，より健康に気をつけるようになる。自分たち独自の治療法を考え出したり，「健康手帳」を発案して，そこに毎日子供の健康状態をつけ，将来病気になった場合に，自分たちのことばに説得力を持たせられるようにしたりしている。同様に，農作物が台無しになった農家も，より自然で生命力の強い農業を目指すようになる。どんなことをしてもその地に残りたいというその地への愛着は，フクシマの場合，水田の手入れを続けるという形で現れる。これは，自分が仕事を持ち続けるためだけでなく，自分自身も受け継いだその土地を，いつか子供たちや孫たちに継がせてやるためだというものもある。苦しむ動物に対する世話も，同じ理屈で説明可能である（千葉・松野, 2012）。大災害が起こったことで，生物としての命にそぐうかどうかが行動の基準となる。そこでは，「ケア」は，抵抗や創意のための政治的手段となる（Laugier, 2009）。

　こうして，マルトゥセッリが言う「開放」は，新しい立場の形成という形で現れる。この概念では，個人と個人の間の関係は単に支配関係としてのみ捉えることはしない（Martuccelli, 2014）。人々は，元に戻ることはできない過去と，想像するしかない未来の間の不確実な空間に置かれ，自分の生活状況について考え，自分たちの立場について新しい解釈をする。新しい生活形式を作り上げ

る段階となるプロセスである。

3　主体性と創意──脆弱さの倫理

　物理的に暮らしの場を再建しようとすることは，初めから自然とのつながり
を生じさせる集団的行動であり，家族だけでなく近所の人たち，さらにもちろ
ん本職の人たちやソーシャルワーカー，学術的な専門家も動員してと共に行わ
れるものであるということが分かっている。避難区域に戻れる時に，家の整理
をしたり，がれきを片付けたり，土壌の除染をしたりする際のことである。こ
うして新しく形成される集団や個人の行動を観察することによって，集団とし
ての知，つまり身体レベル・認知レベルでの経験的知識が変化していくのが分
かる。新しい環境への適応は，個人レベルまた集団レベルでの学習によってな
される。

　このケースにおいては，行動を理論づけるには，実際の状況全体の中で理性
に基づいて自分の立ち位置を決める，内省ができ情報を持った行為者というも
のの存在を考える必要がある。実践理性という概念によって，大災害に遭った
人々が，生きるという行為に主眼を置く，知を求める活動が説明できるかもし
れない。そしてこの生きるという行為は，得られる支援の情報，食糧の配布，
またどうすれば手当を受けられるかといった情報が流れる身近な地元の共同体
においてまず行われる。こういった中で，ご近所同士の助け合いと連帯が，時
として，地元自治体や国が大がかりな計画を発信するのに対し，地元の現状を
認知させようとする活動を生むのである。フクシマの大災害のケースでは，地
元で数多くのグループが形成され，自分たちが懸念することを声として届けよ
うとした。その際，外部の人をその場に受け入れることもあった。こうして，
大災害の空間は，人々が新しく共に暮らしていく中で，議論の場となるのであ
る。議論の場とは，住人間・世代間での対立も多いという意味において，広義
で用いている。

　ノルベルト・エリアスの言うコンフィギュレーション[3]は，人々の具体的な相
互作用を通して分析できる。相互作用のレベルは多種多様であり，必ずしも同

心円を描く，つまり地元レベルから国レベルにいくものではない。行動におい
ては，あらゆるレベルのものが混じり合っている。確かに，公共の場では，知
識を手に入れるための必要条件のような様々な制度上の仕組みがあり，それに
よって，イニシアティヴや行為主体性の拡大が促されることもブレーキがかけ
られることもありうる。しかし現場で何が起こっているのか，そこで生じる暮
らしに形を与えるものは何なのかを本当に理解する上で，ジャン＝ピエール・
ダレが批判的に考察している知識と実践の区別は，非常に適切なものである。
自然災害や人的災害をマスメディアが徹底的に取材する際，核融合，プレート
テクトニクス，ウィルスの伝播，化学工場の事故が健康に及ぼす影響といった
ものについて，非常に専門的な説明がついてまわる。専門家たちが一般向けに
分かりやすく話す気遣いは，専門的な言葉遣いをマスターしたり，その言葉の
意味を理解しようと努める一般の人々には，必ずしも安心材料とはならない。
さらに，この知識は中立的なものではないのである。無知学は，無知の生成を
研究する学問分野だが，それによると，誤った知識や，ある科学者が，他の科
学者の認めた結論について抱いた疑念が流布してしまうのである。たばこの危
険性の話や少量の放射能の容認などは，経済界が一部の科学者を後ろ盾とし，
経済的メリットの名のもとに危険な立場を取り続けている例である（Ribault）。
科学の状態がどういった状態にあるのかを知ること，正当な知識のための闘い
は，一般の人々にとって，知識の入手のための条件が整っているかどうかのチ
ェックでもある。被害者を救うために専門家が利用する非常に専門的な法律の
知識とまったく同じように，知識を手に入れられることで，複雑で相矛盾する
議論に直面する人々の脆弱さは，軽減することができるのである。しかし，実
際には何が起こっているのだろうか。この段階で，エリアスが展開させなかっ
た倫理学的視野を持ち込んで，コンフィギュレーションの概念は補強されなけ
ればいけない。どのように決断するのか，どのように反応するのか，という議
論である。

　大災害によって，学術的知識と一般的な知識の結びつけの問題が提起される。

---

3)　configuration：人間関係や集団が織りなすネットワーク。

ジェーン・アダムスの創設したハルハウスを思い出してみる。そこは知識人の住人やソーシャルワーカーにとって，自分たちの理論的知識を，自分たちがまったく馴染みのない地区での実際の暮らしと対照させる場であり，方法論を共有することで集団での生活を受け入れ，その行為を通して，蓄積されていた知識が有効かどうか確かめる場であった。そしてそれだけでなく，経験から学ぶ場であり，それは新しい考えが生まれることにつながるのであった。それは研究に相対する実践，観念に相対する情動，細分化に対する普遍的価値をつなぐ場であった。実際の状況を観察すると，学問的知識とその知識が現実にそぐうかどうかとの境は，脆弱な状態に置かれた人々にとっては曖昧になることが分かる。一見すると理解できなさそうな知識を目の前にすると，こういった人々は，討論会や新聞を含む議論の場で「一緒に考える」手段に出る。

　ジャン＝ピエール・ダレは，このプロセスに注目した。ある言表が有効かどうかの判断は，化学工場や原子力発電所の大事故の被害者にとって必須の行程であり，そのためには，2つの面が区別されなければならない。1つは，真実性の側面，つまり言表が本当か嘘か。もう1つは，妥当性の側面，その人（主体）がどのように計測したのか。フクシマの大事故の後，自分の土地に帰れなくなった農家の人々は，専門家から与えられた情報を様々な形で受け取った。汚染という現実に直面し，しかもその危険性が専門家の間でも論争の対象となる状況下で，フクシマの農業従事者は，自分の立場，見方を元に選択をした。その選択は，外部から見ると不適切であったり，さらには危険であったりするように思われるものであった。除染のために，終わることのない「シーシュポ
ス」⁴⁾の作業となるかもしれない，土地の手入れをすることを選んだ人々もいたし，土を使わない農業を始めた者もいた。その地への思いは，様々な形を取っているが，未来と過去の世代のために土地を守るという同じ考えからくるものである。またそれ以外に，除染されたとみなされた土地に帰って暮らすことにした人たちもいる。危険が伴う可能性があるとしても生まれた土地に帰りたい

4）『シーシュポスの神話』。A.カミュの作品で，人間がいずれは死んですべて無に帰す事を分かりながらも生き続ける姿を描いたもの。つまり，いずれは無に帰す際限のない作業。

という希望と，ある種年配の住人たちの協力体制でもある助け合いを結びつけて実現するために，共同体での暮らしを選択したのである。

　大災害の場合，専門家の発言に強い影響力があることが観察された。そして，それらの中には，善意からくる発言もある。フクシマにおいては，知識人の主導によって，「民衆裁判所」のようなものが組織され，原発事故の被害者が公の場で，権利——暮らしを取り戻す権利，被害者認定の権利——という観点から自分たちの抱える不安を表明することが可能となった。残念ながら，主催者によると，そのイニシアティヴは決定的な影響力を持つに至らず，それは国や自治体が被害者の要求を拒絶し続け，またマスメディアがあまり報道しなかったことから，この裁判所の存在があまり知られなかったことによる。

　大災害の体験は，不確実性と不安でできている空間へ足を踏み入れることであり，過去と未来，普通の暮らしと新しい暮らしという2つの世界の間に位置することから「経験のない (liminaire)」空間と形容することができよう。この空間において新しい生活形式が姿を現し，その中心には脆弱さがある。また，相矛盾した2つの状態の狭間にあることから，可能性を秘めた，変化の空間でもある。大災害は，それぞれの主体が共同体の見方を考え直し，脆弱さを倫理の問題として考えることにつながるように思われる。こういった側面から研究をすることにより，ヴィヴィアンヌ・シャテルが提唱する，自立と脆弱さの間に対立はないという考察に沿うことができる (Châtel, 2014)。

結　　論

　大災害によって，新しい空間が生まれ，それを私たちは，ある意味で解放につながる「経験のない (liminaire)」空間と呼んだ。人々の実践は，想像力と創意で特徴づけられ，自然は日常生活の中に新しい位置を獲得し，集団は個々人の暮らしの中に再びその位置を見出す。しかし，この空間は，「経験のない」ものでなくなることはあるのか。この新しい生活形式は認知されるのだろうか。今後は，知識が広がることによって，共通の舞台が，対等の討議の場が作られたのかどうか，その学術的な知識に基づいた社会的活動が，大災害によって脆

弱な状態に置かれた人々の社会環境を長期にわたって変えていくことに貢献で
きるのかどうか，ということについて問うていかなければならない。

（翻訳担当：塩田明子，アンヌ・ゴノン）

●引用文献

Agier, Michel. 2013. *La condition cosmopolite ─ l'anthropologie à l'épreuve du piège identitaire*. Paris: La Découverte.

Allen, Barbara. 2007. "Environmental Justice and Expert Knowledge in the Wake of a Disaster". *Social Studies of Science*, 37/1, pp. 103-110.

Anguelovski, Isabelle. 2014. *Neighborhood as Refuge ─ Community Reconstruction, Place Remaking and Environmental Justice in the City*. Cambridge: MIT Press.

Arendt, Hannah. 1983. *Condition de l'homme moderne*. trad. Georges Fradier. Paris: Calmann-Lévy Pocket.（ハンナ・アレント『人間の条件』清水速雄訳，ちくま学芸文庫，1994年）

Bensa, Alban et Eric Fassin. 2002. « Les sciences sociales face à l'événement ». *Terrain*, 38（http://terrain.revues.org/1888; DOI: 10.4000/terrain）.

Berque, Augustin. 2012. « Milieu, co-suscitation, désastres milieu naturel et humains ». *Catastrophes du 11 mars 2011, désastre de Fukushima: fractures et émergences ─ Ebisu* printemps-été 47, pp. 41-48.

Châtel, Vivianne. 2014. « Pour une éthique de la vulnérabilité ». in Marc-Henry Soulet（sous la dir.）, *Vulnérabilité: de la fragilité sociale à l'éthique de la sollicitude*, Fribourg: Academic Press.

千葉悦子・松野光伸，2012年『飯舘村は負けない──土と人の未来のために──』岩波書店。

Darré, Jean-Pierre. 2011. *Le pouvoir d'initiative et d'invention ─ Nouvel enjeu des luttes sociales*. Paris: L'Harmattan.

Das, Veena, Arthur Kleinmann, Mamphela Ramphele and Pamela Reynolds. 2000. *Violence and Subjectivity*. Berkeley: University of California Press.

Elias, Norbert. 1991. *La société des individus*. Paris: Fayard.（ノルベルト・エリアス『諸個人の社会──文明化と関係構造──』宇京早苗訳，法政大学出版局，2000年）

Ezekiel, Edith. 2005. « Katrina à La Nouvelle-Orléans: réflexions sur le genre de la catastrophe ». *L'Homme et la Société*, 4.

Gonon, Anne. 2015. « Quelles vies pour les corps irradiés? Désorientation et résistance après l'accident nucléaire de Fukushima ». *Care, capabilités, catastrophe*

— *Raison publique* Novembre (http://www.raison-publique.fr/article770.html).

Larrère, Catherine. 2009. « La justice environnementale ». *Multitudes*, 1/36, pp. 156-162.

Laugier, Sandra. 2009. « L'éthique comme politique de l'ordinaire ». *Multitudes*, 2/37-38, pp. 80-88.

Lévy-Vroéland, Claire. 2014. « Habiter à l'hôtel. Vulnérabilités et contre-feux dans la ville inhospitalière ». in Marc-Henry Soulet (sous la dir.), *Vulnérabilité: de la fragilité sociale à l'éthique de la sollicitude*, Fribourg: Academic Press.

Lovell, Anne, Stefania Pandolfo, Veena Das and Sandra Laugier. 2013. *Face aux désastres — une conversation à quatre voix sur la folie, le care et les grandes détresses collectives*. Paris: Ithaque.

Martuccelli, Danilo. 2014. « Vulnérabilité existentielle et vulnérabilité sociale ». in Marc-Henry Soulet (sous la dir.), *Vulnérabilité: dde la fragilité sociale à l'éthique de la sollicitude*, Fribourg: Academic Press.

Moreau, Yoann. 2017. *Vivre avec les catastrophes*. Paris: PUF/L'écologie en question.

似田貝香門・吉原直樹編, 2015年『震災と市民2 支援とケア』東京大学出版会。

Petrinya, Adriana. 2003. *Life Exposed — Biological Citizens after Chernobyl*. Princeton: Princeton University Press.

Ribault, Thierry. 2015. *Introduction — Nucléaire: « l'ignorance c'est la force »*. Colloque « Nucléaire — faibles doses et production de l'ignorance », Institut des systèmes complexes CNRS, 9 novembre.

あとがき

　本書『生活形式と脆弱性——倫理としてのケア』は2017年に開催されたワークショップでの発表原稿を基にした論文集である。その後さらに新しいメンバーを加えてワークショップが2回ほど行われ，人間の生活形式についての考察を進めてきた。その間研究領域は徐々に広がりを見せ，人間とロボットとの関係，歴史上の問題や農業における人間の脆弱性などの観点から新たに生活形式について考察し，さらに日本の文学や哲学を参考にした分析も行った。

　2020年2月にも再度生活形式についてのワークショップを行ったが，現在パンデミックにより，次のワークショップをいつ開催できるかの見通しは立っていない。

　とはいえパンデミックを契機に，健康，ケア，および人間の脆弱性というテーマが，深刻な問題としてこれまでにも増して重要な問題として浮かび上がり，私たちの研究グループのメンバーたちも，自分たちの専門領域からこれらの問題を取り上げ，コロナウィルスと生活形式に関する論文も発表されている。

　その1人であるサンドラ・ロジエは，広く衛生上の危機にあり外出禁止を余儀なくされた人々の生活に，女性の役割がどれほど重要であるかを指摘している。女性たちが主として担っているのは家庭での子供の教育，家事やテレワークである。女性たちはそれらを両立する一方で，社会的には職業としての看護師，老人ホームでの介護やソーシャルワーカーなどの仕事を担っている。このように日常生活にあまりにも溶け込んでいるケア行為としての女性の活動は，現在のパンデミックにより，にわかに可視化され，その重要性が注目されるようになった。そして国の内外を問わず，人間は自分の健康を守るためにケアの仕事に依存していることが再認識されるようになった。低賃金，長時間労働の中，やりがいを見出すことが難しい労働条件下にあるケアワーカーは，現在の危機的状況において，さらに多くの人たちの世話する

ことを強いられ，その労働条件がいっそう過酷なものになっていることは深刻な問題である。そしてこうしたことが，現代社会の脆弱性そのものをさらに浮彫にしたと言える。

　私たちは，現在のパンデミックを経て，これまで忘れ去られていたケアの仕事に専念する人々，特に女性の活動によって可能となる日常生活を詳細に研究することの意義を再確認し，生活形式に関する研究を続ける重要性をさらに意識するようになった。なぜならそれは，健康上の問題だけではなくて，コロナウィルスの影響を受けて大きく変わった私たちの社会生活全体そのものが，生活形式の基本的な課題となるからである。現在，コロナウィルスは私たちの生活に入り込んでおり，私たちの生活をそこから切り離して考えることはできない。私たちはこのようなウイルスが，どのように人間の生活形式を変更させることを考えなければならないのである。

　現在，社会では外出自粛，厳密な衛生上の行為によって自分の健康な体を守ること，そして何よりも，ソーシャル・ディスタンスという，人間同士の距離を確保することが義務づけられている。そのことが私たちにもたらしたものは，物理的にお互いに離れている一方で，インターネット等のコミュニケーションツールを利用して互いに接近するという，二面性を持った新しい日常生活の実践のイメージである。こうした日常生活の変化は，同時に私たちの社会関係についてのイメージを一新したのであり，研究者たちにも，このような新しい経験のもとで動き始めた世界を把握する作業が課題として与えられている。

　しかし同時にこのパンデミック下は，人間同士の新しい連帯関係が登場した時期とも言える。例えば，フランスでは，毎晩8時に外出を自粛した人々が窓の前に立ってケアの仕事をしている医者や看護師に感謝の気持ちを拍手で表現し，日本でも，同様の行為やフェイスブックを利用して同じようにケアの担当者に謝意を述べるという活動がなされている。したがって，当面の私たちの課題は，人間生活の基盤が変わりつつあることを，人間間の交流，贈与，相互性，協同という側面から究明することとなろう。コロナウィルスがもたらしたこの大きな混乱の時に私たちのグループが目指すものは，政治的な発言や社会政策

から離れて日常生活の詳細にさらに目を向けることであり，そこからどのような新しい生活が発生していくのかを見極めることである。

　このワークショップを援助したフランスの国際研究グループ，同志社大学のグローバルスタディーズ研究科や同志社大学フェミニスト・ジェンダー・セクシュアリティ研究（FGSS）センターに感謝したい。

　2021年6月30日　京都

編者一同

■著訳者紹介 (本文掲載順，＊は編者)

〈著　者〉

サンドラ・ロジエ (Sandra Laugier)

パリ第1大学パンテオン・ソルボンヌ教授，フランス大学協会シニアフェロー。専門はアメリカ哲学。日常言語学派 (ウィトゲンシュタイン，オースティン，カヴェル) から，道徳・政治哲学，ケア倫理，ポップカルチャーまで，幅広い著作がある。[主要業績] *Le souci des autres* (ed. avec P. Paperman, Éditions de l'EHESS, 2006); *Why We Need Ordinary Language Philosophy* (The University of Chicago Press, 2013); *Politics of the Ordinary, Care, Ethics, and Forms of life* (Peeters, 2020. *La société des vulnérables*, avec Najat Vallaud Belkacem, Gallimard, 2020).

＊沼田　千恵 (ぬまた　ちえ)

同志社大学大学院文学研究科哲学及び哲学史専攻博士課程 (後期課程) 満期退学。現在，同志社大学・同志社女子大学嘱託講師。[主要業績]『共に生きる倫理』(共著：萌書房，2019年)，『倫理のノート』(共著：萌書房，2015年)，「後期サルトルの倫理思想──欲求と実践の概念をめぐって」(『同志社哲学年報』第41号，S.P.D.同志社哲学会，2018年)，「事物への問い──初期サルトルをめぐって──」(『文化学年報』第65輯，同志社大学文化学会，2016年)，シルヴィ・クルティーヌ＝ドゥナミ『暗い時代の三人の女性──エディット・シュタイン，ハンナ・アーレント，シモーヌ・ヴェイユ──』(共訳：晃洋書房，2010年)。

＊落合　芳 (おちあい　かおり)

関西学院大学大学院文学研究科哲学専攻博士課程後期課程単位取得退学，現在，龍谷大学非常勤講師。[主要業績]『フランス現象学の現在』(共著：法政大学出版局，2016年)，シルヴィ・クルティーヌ＝ドゥナミ『シモーヌ・ヴェイユ──天上の根を求めて──』(共訳：萌書房，2013年)。「『不滅の』過去としての身体像──メルロ＝ポンティにおけるプルースト」(『関西学院哲学研究年報』第43輯，2010年)，「注意，憤慨，根をもつこと」(『ヒューマンセキュリティ・サイエンス』第7号，ヒューマンセキュリティ・サイエンス学会編，2012年)。

ピエルジョルジオ・ドナッテリ (Piergiorgio Donatelli)

ローマのサピエンツァ大学教授，哲学部長。専門は道徳哲学。倫理学史，現代道徳理論，生命倫理を中心に研究し，特にJ. S.ミルやウィトゲンシュタイン，フーコー，カヴェルの哲学に基づき，人間の生を問い続けている。[主要業績] *Manières d'être humain. Une autre philosophie morale* (Vrin, 2015); *La filosofia e la vita etica* (Einaudi, 2020); *The Potilics of Human Life. Rethinking Subjectivity* (Routledge, 2021). イタリアの哲学誌*Iride*の編集長でもある。

エステル・フェラレーズ (Estelle Ferrarèse)

ピカルディ・ジュール・ヴェルヌ大学教授。専門は道徳哲学・政治哲学。フランクフルト学派の批判理論，フェミニズム哲学，生活形式と脆弱性について研究している。米国のニュー・スクール・フォー・ソーシャル・リサーチ招聘教授，フンボルト大学のフンボルト財団フンボルト賞受賞，ベルリンのマルク・ブロックセンター研究員。[主要業績] *Vulnerability and Critical Theory* (Brill, 2018); *La Fragilité du souci des autres. Adorno et le care* (Éditions de l'ENS, 2018). *The Politics of Vulnerability* (Routledge, 2017) の編者であり，サンドラ・ロジエとアンヌ・ゴノンとの共著に *Formes de vie* (Éditions du CNRS, 2018) がある。

アリソン・コール (Alyson Cole)

ニューヨーク市立大学クイーンズカレッジおよび大学院センターの政治科学，女性学＆ジェンダー・スタディーズおよびアメリカン・スタディーズ教授。[主要業績] *The Cult of True Victimhood: From the War on Welfare to the War on Terror* (Stanford, 2007); *Derangement and Liberalism: The Political Theory of Michael Paul Rogin* (Routledge, 2019). エステル・フェラレーズとの共著に *How Capitalism Forms Our Lives* (Routledge, 2020)。また雑誌 *Signs, American Studies, Gender, Les Cahiers du Genre, Theory & Event, Work & Organization* や *Critical Horizons, Feminist Studies, The European Journal of Cultural Studies* に論文を寄稿している。*Policy, Journal of Political Science, philoSOPHIA: A Journal of Continental Feminism* の共編者。

＊アンヌ・ゴノン (Anne Gonon)

同志社大学グローバル・スタディーズ研究科教授。専門は社会学。構造的暴力，ケアとヒューマン・セキュリティを中心にし，グローバル世界における脆弱性の形式を研究しており，フランス語，英語と日本語で研究成果を発表している。[主要業績] *Le monde comme horizon — État des sciences humaines et sociales au Japon* (Éditions Philippe Picquier, 2008), *Occupy Tôkyô — SEALDs le mouvement oublié* (Éditions Le bord de l'eau, 2021). 2018年にエステル・フェラレーズとサンドラ・ロジエとの共著に *Formes de vie* (Éditions du CNRS) がある。

〈訳　者〉

皆川 萌子 (みながわ　もえこ)

同志社大学総合政策科学研究科博士課程修了。独立系研究者。フランス，トゥールーズ在住。[主要業績]『ガバナンス時代の国連改革と国際公務員』(萌書房，2017年)，近著に "Sami reindeer herders and the radioactive reindeer: food security from different voice", In K. Hossain, L. M. Nilsson and T. M. Herrman (eds), *Food security in the high north* (Oxton/New York: Routledge, 2020) など。

和田 昌也 (わだ まさや)

政治思想，とりわけハンナ・アーレントの研究を専門とする。最近では並行して，1970年代以降のフランスにおけるラディカル・デモクラシーの系譜（クロード・ルフォールやミゲル・アバンスールなど）を辿りながら，社会批判や政治批判とデモクラシーの関係について考察している。[主要業績]「ハンナ・アーレントの法概念——ノモス／レックスの二元論を超えて——」（『政治思想研究』第20号，政治思想学会編，2020年），「フランスにおけるもうひとつの政治哲学の復権のモメント—— C. ルフォールの1970年代の「転回」の視座から——」（『同志社グローバル・スタディーズ』第10号，同志社大学グローバル・スタディーズ学会編，2019年），「「批判的政治哲学」という企て——現代フランス政治哲学の興隆におけるミゲル・アバンスールの位置——」（『同志社グローバル・スタディーズ』第11号，同志社大学グローバル・スタディーズ学会編，2020年）。

塩田 明子 (しおだ あきこ)

翻訳家。現在，慶応義塾大学非常勤講師。

生活形式と脆弱性——倫理としてのケア

2021年9月10日　初版第1刷発行

　　　　　　アンヌ・ゴノン
編　者　沼田千恵
　　　　　落合　芳
発行者　白石徳浩
発行所　有限会社 萌 書 房
　　　　　〒630-1242　奈良市大柳生町3619-1
　　　　　TEL (0742) 93-2234 ／ FAX 93-2235
　　　　　[URL] http://www3.kcn.ne.jp/~kizasu-s
　　　　　振替　00940-7-53629

印刷・製本　共同印刷工業㈱・新生製本㈱

ⒸAnne GONON, 2021 (代表)　　　　　Printed in Japan

ISBN978-4-86065-146-6